PAULA BOSCH *MIT DIANA BINDER*

EINGESCHENKT

**DEUTSCHLANDS
ERSTE SOMMELIÈRE
ÜBER WEINE, WINZER UND
DIE ZUKUNFT DER BRANCHE**

MIT FOTOS VON THOMAS PFEIFFER

EINGESCHENKT

_____ Auch wenn der Titel vermuten lässt, dass es in diesem Werk um Weine geht, die von mir serviert wurden: Dieses Buch ist kein Führer, in dem brandneue Weine besprochen oder Tipps zum Einkaufen gegeben werden. Vielmehr geht es um Erlebnisse und Erfahrungen aus 35 Jahren als Sommelière in der deutschen Sternegastronomie, die ich mit anderen Sommeliers, mit Winzern, Köchen, dem Weinhandel, dem Weinjournalismus und nicht zuletzt mit Gästen gemacht habe. Es geht damit auch um eine Vielzahl an Themen aus der Welt des Weins und der Gastronomie, die kritisch beleuchtet werden.

_____ Gemessen an der jahrtausendealten Geschichte des Weins sind 35 Jahre eigentlich so gut wie nichts. Wenn ich aber jetzt zurückblicke, wie sich die Gastronomie und mein eigener Beruf, die Sommelerie, in weniger als einem halben Jahrhundert verändert haben, dann kann ich das nur voller Begeisterung als großartigen Fortschritt anerkennen. Auch der Wein hat im Vergleich zu den 100 Jahren davor eine unglaubliche Entwicklung durchgemacht – in den altehrwürdigen Châteaux ebenso wie in der teils gigantischen Weinindustrie oder der kleinen, familiengeführten Cantina. Egal ob wir über Frankreich, Italien, Spanien, Deutschland, Griechenland, Kroatien oder den Rest der Welt reden.

_____ Einiges davon habe ich als Sommelière unmittelbar miterleben können. Dieser Beruf wurde in Deutschlands Toprestaurants ja erst in den frühen 1970er-Jahren langsam populär und ist vermutlich auch deshalb immer noch relativ unbekannt. Die 1976 gegründete Sommelier Union Deutschland vertritt die Interessen und Belange meiner Berufsgruppe; sie ist Mitglied der ASI (Association de la Sommellerie Internationale), die über 50 000 Sommeliers in 60 Ländern umfasst.

_____ Gespräche mit Menschen, die mich in meiner beruflichen Laufbahn begleitet haben, machen einen zentralen Teil dieses Buchs aus. Wir erinnern uns an meine anfänglichen Hindernisse als Sommelière, sprechen über Teamwork und die Zukunft der Sommelerie und nicht zuletzt darüber, wo die Weinberatung und der Verkauf feinster Bouteillen heute stattfinden, nämlich in der Pizzeria ebenso wie im Gourmetrestaurant. Ich diskutiere mit Sommeliers, Winzern, Weinhändlern und Köchen über die Entwicklungen und Ziele der Branche, und auch der Weinjournalismus kommt nicht zu kurz, weil ich daran glaube, dass es ohne Kritik nicht geht.

_____ Sie alle erzählen von ihrer Arbeit, ihrem Fortkommen, von Neuerungen, Erfolgen, auch weniger tollen Erlebnissen, philosophieren mit mir über Veränderungen, Weinstile und was sie gut oder weniger positiv betrachten. Meine persönlichen Meinungen zu Streitfragen in der Welt des Weins und der Gastronomie, Kommentare zum Weinbau, zum Klimawandel, zu Ausbaustilen der Weine und zu Weinbewertungen lesen Sie ebenso wie Anekdoten aus meinem damaligen Berufsalltag.

_____ Heute halte ich neben privaten Weinproben Wochenendkurse für Weinfreunde ab, schreibe über Weinthemen, berate bei der Erstellung von Weinkarten und Weinkellern. Auch ein neues Projekt steht an, ein Fortbildungsprogramm: ein Raum für Kellner und Kellnerinnen, die sich motiviert fühlen, den wunderbaren Beruf eines Servicemitarbeiters in der Gastronomie zu lernen, sodass sie erfahren können, was für ein Glücksgefühl uns täglich bewegt, wenn zufriedene Gäste das Lokal verlassen. Es ist längst an der Zeit, dem Service im Restaurant mehr Beachtung und Anerkennung zu widmen.

_____ Nehmen Sie sich die Zeit und lassen Sie sich ein paar Gläser „einschenken" aus meiner symbolischen Weinflasche mit einer Cuvée aus Paula Bosch, drei Sommeliers, drei Winzern, einem Weinhändler, zwei Köchen, einem Gastronomen, einem Stammgast und einer Weinautorin.

„ICH MACHE GERN DEN ANFANG ...“

DIE ERSTE SEIN?
FAND ICH SCHON
IMMER GROSSARTIG

_____ Den Anfang zu machen – das ist manchmal nicht einfach. Schon gar nicht, wenn man dabei Neuland betritt. Ein Sprung ins kalte Wasser stellt den Menschen vor Herausforderungen, sprengt seine Komfortzone. Wer macht den ersten Schritt? Wer versucht etwas, was noch keiner gewagt hat? Wer erforscht ein Gebiet als Erster?

_____ Wenn das Leben solche Fragen stellte, dann habe ich wohl jedes Mal laut „Hier!" gerufen. Mich hat der Gedanke, bei etwas die Erste zu sein, jedes Mal beflügelt und angestachelt. So, wie ich auch heute noch gerne ins kalte Wasser springe – im eigentlichen wie im übertragenen Sinn –, wollte ich schon immer neue Wege gehen, die vor mir noch keiner gefunden hat.

_____ Ich war nicht nur die erste Sommelière, die in Deutschland überhaupt unter diesem Titel wahrgenommen wurde: Ich habe als erste Frau in diesem Beruf hierzulande gearbeitet, ich habe im Tantris in München diesen Posten mit meiner Arbeit überhaupt erst erschaffen, ich habe Bücher geschrieben mit Konzepten, die es vorher noch nicht gab, ich habe Winzer und Weine entdeckt, die seinerzeit kaum jemand kannte.

_____ Das Phänomen, die Erste zu sein, zieht sich durch mein ganzes Leben, und es fing vermutlich schon in sehr jungen Jahren an. Auch wenn ich das im Nachhinein natürlich nicht mehr überprüfen kann, war ich vermutlich das erste Kind in meinem Jahrgang, das Wein probiert hat. Während andere an einem Gläschen Saft nippten, kostete ich schon sehr früh die Süßweinreste bei uns zu Hause. Als ich zehn oder elf Jahre alt war, wurde das wohl auch in der Schule wahrgenommen, denn die Klassenlehrerin äußerte den Wunsch, mit meiner Mutter zu sprechen.

_____ Mein Zeugnis war gut, die schulischen Leistungen konnten also nicht der Grund für ihren Hausbesuch sein. Das Ganze löste sich auch schnell auf: Als Mitschüler auf dem Pausenhof damit geprahlt hatten, Coca Cola zu trinken, hatte ich wohl laut verkündet, dass ich zu Hause lieber Wein trinken würde. Meine Lehrerin wollte natürlich von meiner Mutter hören, dass es sich dabei um jugendliche Aufschneiderei handelte. Doch dem war nicht so. Zur Verwunderung der Lehrerin bestätigte meine Mutter: Ein Gift wie Coca Cola käme bei uns nicht ins Haus, ich hätte striktes Verbot, so etwas zu trinken. Dass ich dagegen hin und wieder an ihren Süßweinen naschen durfte, fand meine Mutter weit weniger tragisch. Den versteckten Vorwurf, ich würde verbotenerweise Alkohol konsumieren, ließ sie an sich abprallen.

_____ Schon sehr früh durfte ich mit meiner Mutter und meiner Patentante auf Einkaufsreisen fahren, insbesondere nach Österreich ins Burgenland. Ich liebte diese Touren, vorbei an den Weinbergen der Bodenseeregion bis hin zu den weitläufigen Weinfeldern am Neusiedler See. Dabei wurde nicht nur meine Liebe zum Wein geweckt, sondern auch meine Reiselust – und der Wunsch, später einmal beides miteinander zu verbinden. Jedenfalls traf ich meine Berufswahl dementsprechend früh nach der Oberschule und begann ohne Zeitverlust eine Ausbildung in der Gastronomie in Walldorf bei Heidelberg, mitten in der Weinregion Baden. Nachdem ich dort in allen Abteilungen Erfahrungen gesammelt hatte, entschied ich mich für die Weiterbildung im Service und ganz gezielt im Bereich des Weins. Ich hatte erkannt: Das war mein Ding. Ich freute mich auf die Weinproben mit dem Chef bei den Winzern; ich genoss es, im Weinkeller zu verweilen und die Weinkarte zu studieren. Spätestens hier wurde ich vollends mit dem Weinvirus infiziert.

_____ Schnell merkte ich auch, dass ich ganz gut schmecken und probieren konnte. Immer wieder wurden mir Gläser mit Weinen unter die Nase gehalten, ich wurde nach Korkfehlern gefragt, ob die Flasche zu lange geöffnet war, ob der Wein fade oder lahm schmeckte. Das Thema wurde immer interessanter für mich, meine Leidenschaft wuchs und wuchs. Mit der mir zur Verfügung stehenden Literatur, deren Umfang sich monatlich erweiterte, las ich mir viel Weinwissen an, machte mich kundig, wohin meine Reise in der Gastronomie gehen sollte und entschied: Ich möchte Sommelière werden.

_____ Doch das war damals gar nicht so einfach ... Nach kurzer Zeit bekam ich eine Anstellung in der Nähe von Frankfurt in einer renommierten Weinstube mit erstklassiger Küche und Weinkarte. Hier war ich als Chef de Rang tätig, also im normalen Service, doch der weinaffine Patron Leimeister brachte mir mit seinen alltäglichen Proben deutsche und französische Weine näher, ebenso Spirituosen aller Art. Ich lernte wieder viel dazu und war sicher, mir nach zwei Jahren eine Basis für die erste Bewerbung als Jungsommelière geschaffen zu haben. Doch diese Qualifikation allein reichte wohl nicht aus.

_____ Ich bewarb mich um eine Stelle im Restaurant des Hotels Intercontinental Frankfurt, das kurz zuvor mit dem Deutschen Weinkartenpreis ausgezeichnet worden war. Als alle Einzelheiten geklärt waren, wurde ich dem Restaurantdirektor vorgestellt und trug ihm meinen Wunsch vor, im Weinservice zu arbeiten. Der Herr Direktor allerdings gab mir sehr schnell zu verstehen, dass ich als Frau hier chancenlos war und er mich gern für den Frühstücksservice genommen hätte. Seine Abfuhr mit den Worten: „Fräulein, den Wein servieren bei uns immer noch die Herren", habe ich auch nach so vielen Jahren nicht vergessen.

_____ Es war nun mal eine absolute Männerdomäne, in die ich mich vorzuwagen gedachte. Den einen oder anderen Sommelier gab es zwar schon in Deutschland, Frauen waren aber nicht darunter. Dennoch arbeitete und lernte ich hartnäckig weiter, bis zur nächsten Bewerbung in Köln im gleichen amerikanischen Hotelkonzern Intercontinental. Und das war mein Glück, denn tatsächlich bekam ich vom Food-&-Beverage-Manager, der über die vorherige Ablehnung informiert war, die Chance, im Restaurant Bergische Stube als erste Sommelière Deutschlands meine wirkliche Weinkarriere zu beginnen. Die GAD (Gastronomische Akademie Deutschland) zeichnete mich 1985, schon zwei Jahre später, mit dem Preis „Bester Sommelier Deutschlands" aus. Für mich war das ein enormer Ansporn und eine wichtige Bestätigung.

_____ Im Restaurant Victorian in Düsseldorf arbeitete ich danach sieben Jahre als Chefsommelière und wurde 1988 vom Gault & Millau als „Sommelier des Jahres" ausgezeichnet. Dieser Award wurde damals erstmalig verliehen. Auch wenn sich die Männerwelt daraufhin auf die Zehenspitzen stellte, um zu sehen, was dieses Mädel denn so gut oder so anders macht – weder die Kollegen noch die Gäste haben sich jemals respektlos verhalten. Wegen meines jugendlichen Aussehens wurde mir allerdings öfter mal die Frage gestellt: „Sagen Sie mal, dürfen Sie denn überhaupt schon Alkohol trinken?"

_____ An diesen beiden Arbeitsplätzen erlebte ich so ziemlich alles, was diesen Beruf für mich ausmachte und wie ihn meine Kollegen in Frankreich lebten. Meine Trips – erst in die deutschen Weinregionen Rhein, Mosel, Baden, dann nach Frankreich mit der Champagne, später auch nach Bordeaux, Burgund und an die Rhône – waren nicht nur lehrreich für mich, sondern auch verdammt anstrengend. Alle Reisen machte ich an meinen freien Tagen oder im Urlaub. Und die Sprache Französisch stellte eine weitere Herausforderung dar, der ich mich zu stellen hatte.

_____ Allerdings waren diese ersten Jahre als junge Frau in einer Männerdomäne, ohne Lehrzeit bei einem anerkannten Kollegen und ohne Vorbereitung in einem Restaurant mit einer Sommeliermannschaft, nicht nur schwierig. Ich hatte auch Unterstützung von manchem Winzer, der mir sein Einmaleins des Weines beibrachte.

„MÄDEL, ÜBER RIESLING MUSST DU NOCH GANZ VIEL LERNEN! LASS UNS SOFORT DAMIT BEGINNEN."

_____ Angefangen hat das schon in Düsseldorf. Der Winzer Wilhelm Haag war Anfang 1989 zum Lunch dort, und nach unserem durchaus sehr netten Small Talk über Wein und Reben packte er mich mit seinem unvergesslichen, legendär festen Handschlag, sodass ich beinahe in die Knie ging, und erklärte unmissverständlich: „Mädel, über Riesling musst Du noch ganz viel lernen! Lass uns sofort damit beginnen."

_____ Von ihm lernte ich, diesen Wein, die Rebsorte an sich, zu mögen, sogar zu lieben. Auch sein Freund von der Nahe, Hermann Dönnhoff, hatte daran einen großen Anteil. Sie und unzählige andere deutsche

10 GERICHTE, FÜR DIE PAULA BOSCH PRIVAT BRENNT:

RAHMSPINAT MIT WACHTELEI UND WEISSEM TRÜFFEL

SCHWEIZER WURSTSALAT

WIENER WÜRSTL MIT SCHWÄBISCHEM KARTOFFELSALAT

ODER RAHMSAUERKRAUT

RINDSROULADEN MIT KARTOFFELPÜREE

BACKHENDERL MIT KOPFSALAT

SEEZUNGE „MÜLLERIN"

STEINBUTTFILET MIT EIGELB GEFÜLLT UND FRISCHEN MORCHELN

GERÄUCHERTES VOM SPECK BIS PATA NEGRA

ROHMILCHKÄSE AUS FRANKREICH

PASTA, PASTA, PASTA, POMODORI, POMODORI, POMODORI & SPARGEL, SPARGEL, SPARGEL, STEINPILZE, STEINPILZE, STEINPILZE

Winzer schafften es mit ihren Weinen, mich für dieses auch heute noch strahlende Faszinosum Riesling restlos zu begeistern. J. J. Prüm verpasste mir nicht nur ein paar Lehrstunden zum Thema „restsüßer Riesling", sondern auch Demut und Respekt vor dem Handwerk des Winzers, vor jeder einzelnen Flasche Wein.

_____ Überhaupt habe ich in diesen sieben Jahren in Nordrhein-Westfalen die rheinländische Frohnatur kennengelernt und sehr viele lebensfreudige Menschen getroffen, die sich nur allzu gerne kulinarischen Genüssen hingaben. Hier wurde gefeiert, wie die Feste fielen, und dann wurde auf die Pauke gehauen, dass sich die Balken bogen. So habe ich das später nirgendwo mehr erlebt. Man stelle sich nur einmal ein ganz normales Straßenfest an einem sonnigen Wochenende vor. Auf der Kö (Königsallee), der knapp einen Kilometer langen Shopping- und Flaniermeile in Düsseldorf, hatte von oben bis unten, links und rechts jeder Restaurantbetrieb einen Stand. Hier wurden Reibekuchen mit Lachs und Kaviar, Hummer und Langustenschwänze, Gänseleber und rheinische Spezialitäten ohne Ende aufgetischt. Dazu flossen Bier und Wein in Strömen. Und ich hätte mir nicht im Traum vorstellen können, dass ich allein an unserem Stand, zusammen mit drei helfenden Damen, die bestellte Summe von 1000 Magnumflaschen Champagner ausgeschenkt bekam – und dann noch nachbestellen musste!

_____ Eine neue Ära begann, als ich im Oktober 1991 ins Restaurant Tantris nach München wechselte. In den ersten Monaten fiel mir der Wechsel vom Rheinland nach Bayern gar nicht leicht, es war eine große Umstellung. Auch hier hatte ich mich als Frau in die Höhle des Löwen gewagt. Ich war in der Servicemannschaft – wieder einmal – nicht nur die erste und anfangs auch einzige Frau, auch in meiner Funktion als Sommelière galt es, die Herzen der Gäste wie der Kollegen gleichermaßen zu erobern. Dass mir dabei ein prall gefüllter Weinkeller mit unzähligen Schätzen aus Frankreich zu Füßen lag, war ein großes Plus, und auch die Zusammenarbeit mit Hans Haas, der quasi gleichzeitig mit mir als neuer Küchenchef die Nachfolge von Heinz Winkler antrat, war eine riesige Chance.

_____ 20 Jahre arbeiteten wir Seite an Seite, und in all dieser Zeit gab es für mich so gut wie kein Privatleben. Ja, das hört sich erschreckend an – und es war auch so. Ich habe durchaus immer wieder kritisch hinterfragt, ob mir der Beruf diese Entbehrung wert ist. Mein Familiensinn war zwar nicht sehr stark ausgeprägt, aber an Feiertagen wie Weihnachten oder Ostern vermisste ich meine Familie doch.

_____ Das wirkte sich auch auf meinen Freundeskreis aus. Viele Freunde und Bekannte zeigten zwar Verständnis für meine Situation, vor allem die wenige freie Zeit, gingen aber bald ihre eigenen Wege. Dafür lernte ich auf meinen zahlreichen Reisen sehr viele neue Menschen kennen, sodass ich immer glücklich und zufrieden war. Die Sommelerie in der Gastronomie, wie ich sie aufgebaut, geprägt und gelebt habe, war mit Freizeit im Grunde nicht vereinbar. Der Wunsch nach einer Work-Life-Balance kam für mich erst gar nicht auf – den Begriff gab es damals auch noch gar nicht. Heute ist das für eine inhabergeführte Gastronomie sicher ein großes Problem. Dass mir etwas in meinem Privatleben fehlte, stellte ich erst sehr viel später fest, nach meiner Zeit im Tantris.

_____ Auch Bücher und Artikel in Fachmagazinen habe ich während meiner Arbeit im Tantris geschrieben, stets in meiner Freizeit. Erst später, in meiner Selbstständigkeit, war diese Aufgabe Teil meiner beruflichen Hauptbeschäftigung. Die Reisen in alle möglichen Weinregionen Deutschlands habe ich an den Tagen unternommen, an denen das Restaurant geschlossen war, nur hin und wieder ein paar zusätzliche Tage angehängt. Für meine Reisen ins Ausland und zu Messen – nach Bordeaux, Verona, Wien oder Düsseldorf – habe ich Urlaub genommen. Auch die weiten Touren, nach Südafrika, Argentinien, Chile, Neuseeland, in die USA, habe ich stets in meinen vier Wochen Urlaub unternommen.

_____ Heute berate ich neben meiner Tätigkeit als Weinautorin Restaurants bei ihrem Weinangebot und erstelle Weinkarten. Auf Anfrage arrangiere ich Weinproben zu Hause, in Restaurants oder im Weingut. Ich halte in der Volkshochschule Weinkurse und sitze bei der IHK München im Prüfungsausschuss für Sommeliers. Und vor allem: Ich reise immer noch sehr viel. Auf Achse zu sein habe ich immer geliebt. Oft bin ich in Österreich, Italien, der Schweiz und in Kroatien, vor allem in Istrien. Dort habe ich in den letzten Jahren zahlreiche Neuentdeckungen gemacht. Aber auch noch einmal nach Neuseeland, Südamerika oder Südafrika zu kommen würde mich ungemein reizen.

_____ Und wer weiß: Vielleicht begegnet mir ja auch noch irgendwann etwas ganz Neues, etwas, von dem ich jetzt noch gar keine Ahnung habe. Eine Weinregion, die noch keiner kennt? Das würde mir gut gefallen, denn dann könnte ich wieder einmal – die Erste sein …

DER BERUF SOMMELIER – EIN PLÄDOYER FÜR LIEBE UND LEIDENSCHAFT

DIE LIEBE ZUM WEIN –
DIE LIEBE DES LEBENS

_____ Wenn man als Sommelier erfolgreich sein will, muss man auf jeden Fall zwei Dinge mitbringen: Liebe und Leidenschaft. Liebe zur Gastronomie und zu den Gästen auf der einen Seite, Leidenschaft für Wein und Kulinarik auf der anderen. Der entscheidende Grund dafür, warum ich als Sommelière Tag für Tag glücklich zur Arbeit gegangen bin, waren die Menschen. Ich habe gerne mit Menschen zusammengearbeitet und mochte die Gäste. Aber natürlich liebte ich auch alles, was mit Wein zu tun hatte.

_____ Meine Leidenschaft für Wein entwickelte sich im Laufe der Jahre nahezu zur Liebe meines Lebens, und wenn man etwas liebt, dann ist einem dafür nichts zu mühsam. Ich wurde für meine harte Arbeit am Ende oft mit einem fantastischen Wein, mit glücklichen Gästen und mit Reisen in die schönsten Regionen der Welt belohnt.

_____ Oft werde ich gefragt, was einen guten Sommelier ausmacht. Die Berufstheorie kann man sich sicherlich anlesen, wie in jeder Branche. Das Weinwissen über Herkunft, Anbau, Ausbau, Lagerung und Qualität, über Food Pairing und auch über organisatorische und kaufmännische Abläufe ist erlernbar. Aber das ist nur ein Teil des Ganzen.

Viel entscheidender ist, was man weder pauken noch von heute auf morgen aus dem Ärmel schütteln kann: eine gewisse Begabung, ein Talent für diesen Beruf. Für mich ist das in erster Linie ein Gefühl. Es ist das Gespür für den Gast und für das Produkt und das Zusammenspiel aus beidem. Ein wahrhaftig guter Gastgeber zu sein: Das ist es, was einen guten Sommelier ausmacht.

———— Es geht darum, den bestmöglichen Rahmen zu bieten und gleichzeitig wundervolle Weine in dieses Szenario zu integrieren. Ich wollte meine Gäste für Wein begeistern, und das bedeutet, sie zu informieren, sie aber auch von dem einen oder anderen speziellen Gewächs zu überzeugen, ihnen zu vermitteln, was an diesem oder jenem Geschmack so besonders, so anders, so gut ist.

———— Gleichzeitig habe ich mich intensiv damit beschäftigt, was der Gast will und was nicht. Viele können das nämlich überhaupt nicht benennen. Jeder ist individuell, jeder reagiert anders. Ein Sommelier muss sich darauf einlassen und den Gästen die Wünsche quasi von den Lippen ablesen können. Psychologisches Feingefühl ist gefragt.

WAS ICH IN DEN LETZTEN JAHREN ABER AUCH BEOBACHTE, IST EIN GEWISSER HANG ZUR SELBSTDARSTELLUNG IN DER SOMMELERIE, ÄHNLICH WIE IM SHOWBUSINESS.

Das ist nicht ganz unbegründet, ein Sommelier ist eine Persönlichkeit und darf das durchaus zeigen. Leider wird das nicht selten übertrieben. Wenn ich mich selbst wichtiger nehme als den Gast, läuft etwas falsch.

SOMMELIER ALS BERUF – DIE LIEBE ZUM WEIN IST NUR DER ANFANG

———— Dass ein Sommelier Wein lieben muss, versteht sich von selbst. Er muss viele Weine probieren und auch die finanziellen Mittel dafür aufwenden können. Darüber hinaus braucht ein guter Sommelier vor allem eine sehr gute Ausbildung in der Gastronomie. Sprich: Er muss zuerst das Handwerk des Kellners lernen, den Service perfekt beherrschen.

Wer dabei lange Arbeitszeiten scheut, die sich natürlich auch auf den Abend und das Wochenende erstrecken, wird vielleicht irgendwann ein guter Weinkenner, aber sicher kein erstklassiger Sommelier.

_____ Ebenso essenziell ist die Fachkenntnis in der Küche. Im besten Fall weiß ein Sommelier, was im Kühlhaus liegt und später auf den Teller kommt. Er muss sich mit dem Küchenstil auseinandersetzen, muss wissen, was serviert wird. Produktkenntnis ist das A und O. Er sollte sich mit den Zubereitungsarten vertraut machen und irgendwann blind den geschmacklichen Unterschied zwischen einem Filet von einem bayerischen Ochsen und einem japanischen Wagyu erkennen können, eine Sauce béarnaise von einer Sauce Choron, einen Kabeljau von einem Steinbutt oder ganz simpel Koriander von Blattpetersilie unterscheiden können.

DIE EIGENE WEINSPRACHE

_____ Ich denke, eines meiner wertvollsten Talente ist meine eigene, persönliche Weinsprache. Sehr früh habe ich erkannt, dass ich mich entsprechend ausdrücken können muss, wenn ich den Menschen Weine näherbringen möchte. Schon in den ersten Minuten beim Gast höre ich deshalb genau hin, um anschließend seine Sprache sprechen zu können. Dabei geht es natürlich nicht um Französisch, Arabisch oder Bayerisch, nein, ich möchte mich so ausdrücken, dass unser Gespräch auf dem gleichen Niveau stattfindet. Ich muss versuchen, dem Gast den Wein so zu erklären, dass er versteht, was ihn im Glas erwartet.

_____ Das richtige Vokabular ist hier entscheidend, die Fähigkeit, den Charakter eines Weins in Worte zu fassen. Ich muss Farbe, Geruch, Geschmack, die ganzen Einzelheiten in aller Kürze so beschreiben, dass der Gast etwas damit anfangen kann. Es gibt hierfür Tausende Assoziationen. Ich präsentiere nicht einfach einen Pinot Noir, ich beschreibe den Wein mit seinen Himbeernoten, mit einem Hauch von Zimt oder Rosenblättern. Ein Riesling kann an Wiesenblumen und grünen Apfel, an Pfirsich oder Ananas erinnern, ein Merlot an Kakao, Zedernholz, Zwetschge und so weiter. Wenn ich aber spüre, dass den Gast das nicht interessiert, dann belästige ich ihn auch nicht damit.

_____ Zusätzlich zu einem hoch entwickelten Geschmacksverständnis muss ein Sommelier also auch ein großes Repertoire an Wörtern parat haben und präzise einzelne Noten und Nuancen, Texturen und Strukturen benennen können. Und: Er muss natürlich wissen, wovon er spricht, das heißt, er muss Zusammenhänge und Hintergründe aufzeigen können.

VON CHILE BIS ZUR MOSEL

_____ Unerlässlich ist daher für jeden Sommelier einer der schönsten Aspekte unseres Arbeitslebens: das Reisen. Für mich als reiselustigen und neugierigen Teenager war der Beruf auch aus diesem Grund genau der richtige. Die Weinwelt ist groß und wundervoll, egal wo man hinkommt. Ob nach Chile, wo man in der Atacama-Wüste dem Himmel so nah ist, oder Neuseeland am anderen Ende der Welt, das einem das Gefühl schier grenzenloser Freiheit gibt. Ob man mitten in der Wachau steht und sich sicher ist, dass es auf der Welt keinen schöneren Ort geben kann, oder sich in den Steilterrassen an der Mosel wie im Rebenparadies vorkommt. Ob das Istrien ist, wo die eisenhaltige rote Erde den Charakter der Reben formt, oder ob man auf der Insel Santorini in Griechenland von oben, hoch über dem Wasser, das Meer bis zum Horizont überblicken kann.

_____ Es gibt so viele schöne Weinregionen, die ein welterfahrener Sommelier kennen sollte und spätestens dann, wenn er Weine aus diesen Ländern auf seiner Karte hat, bereist haben muss. Erst vor Ort bekommt man ein kompaktes, umfassendes Gefühl für die jeweilige Landschaft, ihren Wein und die Menschen, die ihn mit ihrer täglichen Arbeit produzieren.

_____ Auf diesen Reisen erfährt man auch, was der Wein den Menschen vor Ort bedeutet. Gerade in Ländern, die noch nicht vom Weintourismus, sondern eher von Armut geprägt sind, wo die Winzer noch mit ganz ursprünglichen Methoden arbeiten, spürt man ganz deutlich ihre Liebe, die Leidenschaft. Die Winzer brennen für ihren Wein. Nichts liegt ihnen mehr am Herzen, und trotz aller Schwierigkeiten, die dieses mühsame Geschäft mit sich bringen kann, zieht die Natur des Weinbergs die dort lebenden Menschen ebenso in ihren Bann wie den Besucher.

_____ Ich habe schon früh mit dem Reisen begonnen und dabei Land für Land abgearbeitet. Geschmacklich fing für mich alles in Österreich an – ich bin mit österreichischen Süßweinen groß geworden, vor allem aus dem Burgenland. In der Gastronomie angekommen, setzte ich mich natürlich intensiv mit deutschen Weinen auseinander, angefangen in Baden, weil ich dort meine Ausbildung begonnen hatte. In Baden wachsen alle Rebsorten, die in Deutschland Bedeutung haben: im Norden Riesling, im Süden Spätburgunder (Pinot Noir), Chardonnay, Weißburgunder, Grauburgunder und Silvaner.

_____ Jedes Jahr hatte ich zudem drei bis vier Termine auf den großen Weinmessen, darunter ProWein in Düsseldorf, Vinitaly in Verona, VieVinum in Wien, Vinexpo in Bordeaux und die Weinbörse in Mainz, wo ich weitere Regionen und Weine kennenlernen und mich mit Kollegen und Winzern austauschen konnte. Hausmessen bei Weinhändlern kamen Jahre später dazu.

_____ Während meiner Zeit in Düsseldorf lernte ich die Regionen im näheren Umkreis dort kennen, den Rheingau und die Mosel. Franken und meine Heimat Württemberg folgten. Ganz wichtig war natürlich auch, Frankreich kennenzulernen – zunächst die Champagne, dann Bordeaux und Burgund; der Süden kam etwas später. Und nach meinem Wechsel ins Tantris nach München war – neben unzähligen weiteren Frankreichbesuchen – natürlich die Nähe zu Italien ein großer Vorteil. Ich habe „Bella Italia" von oben bis unten beackert.

_____ Und schließlich wollte ich die große, weite Weinwelt kennenlernen: Spanien, die USA (vor allem Kalifornien und ganz besonders das Napa Valley), später Südafrika, Argentinien, Chile und Neuseeland. Was mir bisher noch fehlt, ist Asien, aber hier steckt der Weinbau auch noch in den Kinderschuhen. Nur in China hat sich seit der Jahrtausendwende einiges getan.

JEDER SOMMELIER SOLLTE REISEN, SO OFT ES MÖGLICH IST.

_____ Und er sollte die Weinregionen auch zu jeder Jahreszeit aufsuchen. Wenn man weiß, wie es sich in einem Land anfühlt, hat man zur Beschreibung von dessen Weinen einen ganz anderen Hintergrund. Ein ganz großer Vorteil ist zudem: Wo Wein wächst, ist es immer schön. Die vielfältige Natur, die Weinberge, Rebenmeere, kunstvoll angelegte Terrassen, das ganze Drumherum. Ich habe in den letzten 40 Jahren so viele wunderschöne Weinregionen gesehen, dass ich hier unmöglich ein Land hervorheben kann. Damit würde ich allen anderen unrecht tun. Das ist ähnlich wie bei den Weinen selbst: Einen einzigen Liebling gibt es nicht.

KOMBINIEREN, KOMBINIEREN ...

_____ Das Kombinieren von Speisen und Wein, also die Quintessenz unseres Berufs, wurde nicht erst in meiner Gastronomiezeit eine meiner Genuss-Leidenschaften. Schon als Kind wurde ich zu Hause immer wieder ermahnt, das Essen erst hinunterzuschlucken, bevor ich etwas trank, aber daran habe ich mich oft nicht gehalten. Ich liebte es, mein Essen mit den Getränken und Säften im Mund zu „vermanschen". Auf diese Weise habe ich auch später die Kombinationen von Weinen aller Art probiert, egal welcher Herkunft, Rebsorte oder Farbe sie waren, egal ob jung oder alt. Vorurteilslos einfach mal probiert und dabei absichtlich beiseitegelassen, was man theoretisch darüber weiß – dieses Wissen ist ja oft dürftig genug.

_____ Dabei hatte ich viel Spaß und gewann eine Menge Einsichten darüber, was mir schmeckt und was nicht, was mir ganz besonders negativ auffiel und was mich begeisterte.

OFT ERKANNTE ICH EINFACH DURCH AUSPROBIEREN GESCHMÄCKE UND KONTRASTE, DIE MICH GANZ GLÜCKLICH MACHTEN.

Zu entdecken, wie gut eine salzige Laugenbrezel mit Butter und Marmelade schmeckt, war ein wunderbar sinnliches Erlebnis. Jahre später lernte ich daraus, wie es auch mit Wein klappt. Eine Luxusvariante, die daraus entstand, geht so: eine junge, frische Riesling-Trockenbeerenauslese, zum Beispiel vom Scharzhofberg, von Egon Müller an der Saar, dazu Kaviar auf Kartoffelschnee. Ein Sauternes vom Château d'Yquem wäre die französische Version davon. Zum Niederknien!

AUF EIN GLAS MIT PAULA BOSCH

DREI SOMMELIERS – UNZÄHLIGE FACETTEN

PAULA BOSCH IM GESPRÄCH MIT DREI JUNGEN KOLLEGEN: ALEXANDRA HIMMEL, TOBIAS KLAAS UND DANIEL KUROSH

Von der einfachen bayerischen Dorfwirtschaft bis zur gehobenen Sternegastronomie: Wein hat überall ein Zuhause und Gäste, die ihn lieben. Ein Sommelier hat daher auch die Möglichkeit und Chance, in den unterschiedlichsten Betrieben zu arbeiten, zu jeder Art von Küche und Gästeklientel ein entsprechendes Angebot an Weinen zu präsentieren. Die Ziele können dabei ganz variabel sein, vor allem, wenn es um die Begleitung der jeweiligen Speisen geht. Für dieses Kapitel hat Paula Bosch drei bestens ausgebildete Sommeliers getroffen, für deren Arbeit unterschiedliche Anforderungen gelten, und deren Gastronomiekonzepte jeweils andere Schwerpunkte haben. Die Gesprächspartner über diesen Beruf und seine unterschiedlichen Facetten sind Sommelière Alexandra Himmel, Sommelier Tobias Klaas und Sommelier Daniel Kurosh.

27

AUS EHRFURCHT WURDE RESPEKT UND FREUNDSCHAFT: PAULA BOSCH UND ALEXANDRA HIMMEL

Der Wein wurde Alexandra Himmel, Chefsommelière im Zweisternerestaurant Lafleur in Frankfurt, sozusagen in die Wiege gelegt. Sie arbeitet mit hohem Anspruch, auch im Verständnis von klassischer französischer Restaurantkultur in den Menüfolgen. „Meine Eltern sind Winzer, ich bin auf einem Weingut im Rheingau aufgewachsen, daher lag der Beruf Sommelière für mich schon früh sehr nah", erzählt sie. Tätig war sie unter anderem in Kalifornien im Weingut Tantara Winery, im Les Solistes by Pierre Gagnaire (im Waldorf Astoria Berlin) und als Chefsommelière im Storstad in Regensburg. Von 2008 bis 2011 arbeitete sie als Commis-Sommelière und später als Paula Boschs Assistentin im Tantris in München. Hier lernte sie vor allem klassischen Weinservice und Wein-Food-Pairing. „Der Name Paula Bosch tauchte bei mir schon früh auf", erinnert sie sich. „Wenn man sich mit Wein beschäftigt oder sich für diesen Beruf entscheidet, kommt man automatisch mit ihr in Verbindung."

DENKEN SIE DOCH MAL ZURÜCK AN IHRE ZEIT IM TANTRIS – WAS HAT IHRE ZUSAMMENARBEIT GEPRÄGT?

_____ **ALEXANDRA HIMMEL:** Das Tantris war und ist für mich bis heute eines der bedeutendsten und bekanntesten Restaurants der Welt. Meine Eltern waren einmal dort und erzählten mir immer wieder von dem besonderen Erlebnis in München. In diesem Restaurant dann mit dem „Montrachet der Sommelerie in Deutschland" (mein Spitzname für Paula Bosch) arbeiten zu dürfen, kam einem Ritterschlag gleich. Aber ich musste mir meinen Status bei ihr erst hart erarbeiten. Noch heute denke ich an das Gefühl zurück, als ich zum ersten Mal voller Angst und Ehrfurcht durch die Personaltür gegangen bin. Es war die beste und härteste Schule meines Lebens. Paula hat großen Anteil daran, dass ich mich – sinnbildlich – vom kleinen Riesling-Pflänzchen zu einem Riesling-Gewächs der großen Lagen entwickeln konnte.

_____ **PAULA BOSCH:** Na ja, sagen wir mal so: Du warst die härteste Nuss, die ich von allen Azubis und Assistenten zu knacken hatte. Irgendwie – warum wusste ich ja nicht – hast Du Dich auf das Tantris eingelassen. Mich konntest Du dort nicht einfach mal

so auf die Schnelle umdrehen, wie Du wolltest oder gar „wegbeamen", obwohl das lange einer Deiner Herzenswünsche war. Du hast mich ja mit allen möglichen Schandtaten schikaniert, vom regelmäßigem Verpennen bis zum bockigen Benehmen, und hast dabei geglaubt, ich spann' das nicht. Aber Deine Eltern haben mir gut zugeredet, mich getröstet. Und am Ende hat Dich Dein eigener Ehrgeiz, der Dich auch heute noch antreibt, besiegt. Nach Monaten hast Du begonnen mit einer Plackerei, hast gelernt und geschuftet, sehr, sehr viel verkostet und alles akribisch notiert. Du hast Dich um 360 Grad gedreht, um mich zu überzeugen, dass Du es kannst und willst, hast Dich eins a entwickelt. Danach wurdest Du meine Assistentin, und ich war unheimlich stolz auf Dich. Heute zählst Du für mich zu den allerbesten Sommeliers im Lande.

WAS HABEN SIE AN PAULA BOSCH IM TANTRIS AM MEISTEN GESCHÄTZT, UND WELCHE PROZESSE AUS DEM ALLTAG VON DORT HABEN SIE BEIBEHALTEN?

—— **ALEXANDRA HIMMEL:** Ich habe vor allem die Art und Weise geliebt, wie sie Weine beschreiben konnte. Das Vokabular, das sie benutzt, bewundere ich bis heute. Auch wie sie mit Flaschen oder Gläsern umging: Es war immer geradezu eine Zeremonie, wie Paula erst die Vorbereitungen zum Dekantieren traf und dann die Präsentation des Weins am Gast zelebrierte. Selbst ihre forsche und teils leicht bevormundende Art hat mir insgeheim imponiert. Sie hat sich von den Gästen nicht jede Unhöflichkeit gefallen lassen.

FÜR MICH IST DIE PERFEKTION AM GAST IMMER NOCH DER WICHTIGSTE TEIL DES JOBS.

Auch für das Verkosten von Weinen nehme ich mir immer noch viel Zeit und mache mir Notizen, denn ich will sie mit Respekt und Wertschätzung gegenüber dem Winzer behandeln.

—— **PAULA BOSCH:** Perfektion präsentieren, ja, das muss man, denn einige Gäste beobachten einen sehr genau. Manche scheinen sich gegenseitig nichts mehr zu sagen zu haben, und dann sitzen sie im Restaurant und schauen zu, was der Service so macht. Das ist für viele wie ins Kino gehen, und der Sommelier wird zum Akteur ... Da muss ich mein Bestes geben. Alleine das Vinieren der Weingläser (das Ausschwenken mit Wein) habe ich zu Hause mit gefärbtem Wasser so lange geübt, bis nichts mehr schiefging. Danach war nie wieder ein roter Tropfen auf dem Tischtuch zu sehen.

GIBT ES UNVERGESSLICHE GEMEINSAME WEINERLEBNISSE? UND WIE HAT SICH IHR VERHÄLTNIS ZUEINANDER ENTWICKELT?

———— **ALEXANDRA HIMMEL:** Wir hatten unglaublich viele schöne Momente in dieser Zeit und den darauffolgenden Jahren. Aus anfänglicher Angst, Einschüchterung, Verfluchen, Anschreien und tagelangem Ignorieren ist für mich mit Paula eine sehr bedeutende und wichtige Freundschaft entstanden. In diesen Jahren voll harter Arbeit, Druck, Schmerz und teilweiser Verzweiflung hätte ich diese persönliche Beziehung niemals entstehen sehen. Natürlich gab es auch Erlebnisse, die ich niemals vergessen werde: Eines Morgens ließ ich mal aus Versehen – auch unter Schlafentzug – eine teure Flasche Bordeaux vor dem Büro von Paula fallen. Mein ansonsten niedriger Puls schnellte sofort auf 180. Paula hatte zum Glück einen guten Tag. Oder einen Kater? Und auch der tägliche Cappuccino stand schon für sie bereit, was sie zum Glück etwas besänftigt hat. Mein Kopf blieb dran, Ärger und einen kurzen Schrei gab es natürlich trotzdem.

———— **PAULA BOSCH:** Im ersten Ärger sollte man am besten gar nicht reagieren, schon gar nicht unter Zeitnot und Stress. Da platzt dann vielleicht im falschen Moment etwas heraus, was sich schon über längere Zeit aufgestaut hat. Ja, Du hast mit Deinem versteckten Vorwurf schon recht, ich habe Euch alle manchmal ziemlich angepfiffen. Wäre wahrscheinlich besser gewesen, wenn es auch ohne Maulerei und Geschrei geklappt hätte …

DIE WEINWELT IST GROSS, UND EIN SOMMELIER MUSS SICH ZUNÄCHST JEDE MENGE WISSEN ANEIGNEN. WO INFORMIEREN SIE SICH? WAS SIND DIE BESTEN QUELLEN, WELCHE WEINLITERATUR LESEN SIE?

———— **ALEXANDRA HIMMEL:** Ich informiere mich in den aktuellen Fachmagazinen und auf Blogs, in Internetforen und bei den Bestsellern der Weinliteratur: Parkers „Wine Advocate", Jancis Robinson, „FINE Das Weinmagazin" von Tre Torri, Jens Priewes Weinkenner-Blog und seiner großen Weinschule, dem „Weinseller Journal" von Chandra Kurt. Hinzu kommen viele Verkostungen einzelner Regionen, Weinmessen, der Austausch mit Winzern und Kollegen, der leider immer weniger wird. Und last but not least: Auf Paula Boschs Bücher und ihr Urteil kann ich mich immer verlassen.

_____ **PAULA BOSCH**: Ich lese seit vielen Jahren so ziemlich alles, was an Weinliteratur auf dem deutschen Markt erhältlich ist. Italienische, spanische, englische oder französische Literatur bringe ich von meinen Reisen mit und übersetze vieles mühevoll. An Büchern besitze ich fast alles, was neu auf dem deutschsprachigen Markt erscheint. Dazu kommen die im Abo erhältlichen Feinschmecker- und Weinzeitschriften, Blogs von den namhaften Schreibern und aktuelle Fachmagazine. Einige enttäuschen mich allerdings immer wieder.

WAS IST FÜR SIE EIN ABSOLUTES HIGHLIGHT UND WAS EIN NO-GO BEI DER KOMBINATION VON SPEISEN UND WEINEN?

_____ **ALEXANDRA HIMMEL**: Der größte Fehler als Sommelier ist meiner Meinung nach, sich über den Koch stellen zu wollen. Ich darf den Wein – und mich selbst natürlich – nicht wichtiger darstellen als das Gericht und den Koch. Außerdem ist es nicht okay, wenn ein Sommelier Weine, die er weniger schätzt, loswerden möchte, indem er sie in Menüempfehlungen

kombiniert. Und ganz konkret: roter Bordeaux zur rohen Auster, das geht gar nicht! Umgekehrt war eines meiner Highlights definitiv ein Madeira aus dem 18. Jahrhundert mit Trüffeln und Risotto. Eine Explosion der Aromen durch die Kombination von Salzigkeit, Süße und natürlichem Umami. Und auf einer Insel darf eine Flasche gereifter Riesling mit Ceviche oder Fisch mit Zitronen-Beurre-blanc für mich nicht fehlen.

_____ **PAULA BOSCH**: Um auf die Austern einzugehen: Sie enthalten sehr viel Jod, und in Verbindung mit den Tanninen eines roten Bordeaux ergibt das einen metallischen Geschmack, als würde man auf das silberne Papier in der Schokoverpackung beißen. Es ist einfach widerlich, tut sogar auf den Zähnen weh – schrecklich!

VIELE TIPPS LAUFEN HEUTE UNTER DEM MOTTO: ALLES IST ERLAUBT ... IST ES EBEN NICHT!

Erlaubt ist, was auch Sinn ergibt! Dagegen war eines der Highlights meiner kulinarischen Weinreisen Kaviar mit gereiftem Sauternes. Der Kontrast des salzigen Kaviars zum gereiften Süßwein

IN DIESEM RESTAU-
RANT DANN MIT
DEM „MONTRACHET
DER SOMMELERIE
IN DEUTSCHLAND"
(DAS IST MEIN
SPITZNAME FÜR
PAULA BOSCH) AR-
BEITEN ZU DÜRFEN,
KAM EINEM RITTER-
SCHLAG GLEICH.

mit dezenter Säure, seinen Honig- und Karamelltönen: ein Wahnsinn, Gaumenerotik pur!

Eine der wichtigsten Grundregeln beim Kombinieren von Essen und Wein ist, die Komponenten Süße, Säure, Salz, Bitterkeit und Schärfe sowie Textur und Struktur miteinander zu verbinden – oder in Kontrast zu bringen.

GIBT ES EINE BEGABUNG FÜR DEN BERUF UND HABEN SIE VORBILDER?

_____ **ALEXANDRA HIMMEL:** Man muss mit Menschen umgehen, sie quasi lesen können. Ein Mensch, der sich als Alleinunterhalter auf der Bühne sehen will, wird im Restaurant, im Team und schlussendlich auch bei den Gästen irgendwann scheitern. Was das Vorbild mit Fachwissen betrifft, habe ich größten Respekt vor Caro Maurer MW (Master of Wine). Sie ist eine der ganz Großen.

_____ **PAULA BOSCH:** Da hast Du sehr gut gewählt, Alex! Caro kannte ich zu meiner Zeit als Jungsommèliere noch nicht. Ich hätte damals besser hinschauen müssen, denn mein erstes Vorbild, der damalige Präsident der Sommelier Union Deutschland und Chef im Restaurant des Hotels Intercontinental in Frankfurt, wollte mich als Frühstückskellnerin Kaffee servieren lassen …

MENÜFOLGE MAL ANDERS – EIN RICHTUNGSWEISENDES ERLEBNIS: PAULA BOSCH UND TOBIAS KLAAS

Tobias Klaas ist Chefsommelier im Zweisternerestaurant Schreiberei in München, in dem seit Januar 2022 Tohru Nakamura Küchenchef und Geschäftsführer ist. Der Stil des Restaurants ist asiatisch geprägt und pflegt eine sehr innovative Menüfolge. Klaas wurde 2017 vom Magazin Rolling Pin als Sommelier des Jahres ausgezeichnet. Er ist gebürtiger Münchner und war auch schon im Serviceteam im Tantris tätig, arbeitete danach aber länger im Ausland. Zurück in München, war Tobias Klaas zunächst Sommelier im Werneckhof bei Tohru Nakamura und folgte diesem dann in die Schreiberei.

WIE SEHEN SIE DIE POSITION DES SOMMELIERS IN DER SPITZENGASTRONOMIE HEUTE – AUCH IM VERGLEICH MIT DEM RESTAURANTLEITER?

_____ **TOBIAS KLAAS:** Der Sommelier steht heute häufig mehr auf der Bühne als der Restaurantleiter. Das war noch vor knapp 20 Jahren ganz anders, zum Beispiel im Tantris. Der Maître, also der Restaurantleiter, stand immer mit seiner ganzen Persönlichkeit und Verantwortung über allem. Diese Chefs haben im Restaurant für Leben und Bewegung gesorgt, zelebrierten, was aus der Küche kam. Es wurde tranchiert und flambiert, das war immer eine echte Show.

Mittlerweile haben die Sommeliers häufig mehr Bezug zum Gast. Sie kommen über den Wein leichter mit ihm ins Gespräch, während dem Restaurantleiter heute ein wichtiges Betätigungsfeld für Kontaktgespräche fehlt, nämlich die Arbeit am Tisch. Deshalb hatte ich eine Zeit lang das Gefühl, dass der Sommelier in der Signifikanz vielleicht sogar den Restaurantleiter überholt.

——— **PAULA BOSCH:** Ich bin davon nicht überzeugt. Es gibt Tendenzen, die wieder in eine andere Richtung gehen. Kellner und Servicebrigade, den Sommelier einmal ausgenommen, benötigen einfach mehr Input und Unterstützung aus den eigenen Reihen. Tohru Nakamura beispielsweise, so hat er mir im Gespräch gesagt, hält nichts davon, wenn die Köche selbst servieren. Da bleiben dem Service nur noch die niedrigen Arbeiten wie Eindecken, Gläser spülen, Rechnungen schreiben. Ob das gut ist? Wir werden sehen, wo die Reise hingeht.

VERKAUFEN SIE IM TÄGLICHEN SERVICE AUCH GROSSE WEINE? UND WIE IST DIE AKTUELLE PREISSITUATION BEI SPITZENWEINEN EINZUORDNEN?

——— **TOBIAS KLAAS:** Wir verkaufen tatsächlich sehr viele und gute Raritäten. Das hat sich bei uns eingebürgert. Burgunder beispielsweise trinken die Leute sehr gerne. Dabei entdecken sie zum Teil, dass es manche Weine nur bei uns oder noch vielleicht in zwei, drei anderen Restaurants gibt. Sie wissen oder hören von mir, dass diese und jene Weine limitiert sind, dass es Zuteilungen von oft nur noch drei Flaschen pro Jahr gibt. Und dann wollen sie diese erst recht trinken.

——— **PAULA BOSCH:** Leider werden große Weine heutzutage immer häufiger zu Höchstpreisen verhökert, extrem sinnlos überteuert, als wäre man beim Kunsthändler. Mit dem ursprünglichen Produkt hat das doch nichts mehr zu tun.

EIN PAAR SPITZENWEINE WERDEN KÜNSTLICH HOCHGEJUBELT UND ZU MONDPREISEN JENSEITS VON 10 000 EURO PRO FLASCHE VERKAUFT.

Die bedeutenden Parameter dafür sind Weinberg, Lage, Winzer – ungeachtet dessen, dass es viele gute Weine zu ganz realen Preisen gibt, die daneben eine gute Figur machen. So manche Blindverkostung hat diese Tatsache bestätigt. Und ich bin mir auch ganz sicher, dass viele Besitzer dieser raren Bouteillen einen einfachen Burgunder vom großen Grand Cru nicht unterscheiden können.

KANN SICH EIN SOMMELIER UNTERSCHIEDLICHEN KOCHSTILEN UNTERORDNEN, SICH DARAUF EINSTELLEN?

_____ **TOBIAS KLAAS**: Definitiv: ja! Bei jedem Koch, der einen ganz eigenen Stil hat, bekommt man als Sommelier zunächst das Menü. Es macht Spaß, sich damit auseinanderzusetzen und dann die perfekten Weine dazu zu finden. Bei uns in der Schreiberei hat das viel Zeit in Anspruch genommen, wir haben unendlich viel probiert, bis die letzten Stellschrauben richtig standen. Schlussendlich kann ich sagen: Ich habe Begleitungen zu den Menüs maßgeschneidert, was mir die Gäste auch bestätigt haben. Und bei einem Küchenchef wie Tohru macht das ganz besonders Spaß, denn so wie er kocht keiner. Die Fonds und Saucen, seine Zubereitungsarten, die auf den Kopf

gestellten Reihenfolgen der einzelnen Gerichte, die Gewürze, das ist für mich als Sommelier alles ungeheuer spannend.

_____ **PAULA BOSCH**: Ja, das finde ich ganz wunderbar, wie er die klassische Menüfolge der einzelnen Gänge und Zubereitungsarten verändert hat. Und es funktioniert hervorragend – wie beim Verkosten von Wein, wo wir über die althergebrachte Abfolge, also erst Weißwein und dann Rotwein, auch längst hinaus sind. Wir wissen inzwischen:

NACH EINEM SCHWEREN, TANNINBELADENEN ROTWEIN ERFRISCHT EIN SÄUREREICHER WEISSER DEN GAUMEN AUF WUNDERBARE WEISE.

Der Wechsel bringt den Kick! Fleisch vor Fisch, warm vor kalt, gekocht, mariniert, vergoren, dann wieder Fleisch und Fisch: Laut Tohru kommt es besonders auf die Zubereitungsarten, Säuren, Röststoffe, Temperaturen und vieles mehr an. Was für eine tolle Herausforderung an die Sommelerie und den Gast! Das Ergebnis könnte richtungsweisend für die Zukunft der Menükunde werden!

GIBT ES ANSTELLE VON WEIN ANDE-RE GETRÄNKE, DIE SICH BESSER ZU EINZELNEN GERICHTEN EINORDNEN LASSEN?

_____ **TOBIAS KLAAS:** Ich persönlich finde:

WEIN PASST ZU ALLEN GERICH-TEN, WENN MAN DEN RICHTIGEN DAZU AUSWÄHLT. WIRKLICH ZU ALLEN, AUCH ZU SUPPEN.

Das beste Beispiel dazu habe ich einmal bei Sigi Schelling im Werneckhof erlebt. Sie servierte eine Artischockencremesuppe mit weißem Trüffel, dazu einen weißen Rioja, 1970er Gran Reserva, Marqués de Murrieta – die Begleitung meines Lebens!

_____ **PAULA BOSCH:** Wein und Suppen sind ein heikles Thema, und werden, sicher nicht immer zu Unrecht, als nicht zueinander passend gelehrt. Da ist schon was dran, finde ich, wenn man allein den großen Temperaturunterschied bedenkt.

Andererseits wird heute auch anders gekocht. Ich stelle mir gerade eine gekühlte Gemüsesuppe, eine kalte Gazpacho oder eine gelierte Essenz vom Rind vor. Ein junger, reicher Silvaner, ein Joven Tempranillo und bei der kühlen Essenz ein Riesling Kabinett … ja, genau in dieser Reihenfolge, das wäre köstlich. Jetzt kommt es nur noch auf den Winzer und Jahrgang an …

KÖNNEN SIE SICH AKTUELL IN EINEM RESTAURANT HIERZULANDE „BYO – BRING YOUR OWN" VOR-STELLEN? ALSO DER GAST BRINGT SEINEN EIGENEN WEIN MIT UND ZAHLT DAFÜR EIN ENTSPRECHENDES SERVICEGELD?

_____ **TOBIAS KLAAS:** Das kann ich mir sogar sehr gut vorstellen. Ich habe in Australien gearbeitet, dort ist BYO Wine ein klassisches Gastronomiekonzept. Ebenso in den USA und in Südafrika. In Deutschland gibt es Restaurantkonzepte – keine Sternegastronomie –, die im Grunde keine Weine über 100 Euro anbieten. Wenn diese BYO erlauben, dabei 40 bis 50 Euro Korkgeld verlangen, dann haben sie keine Kosten für Weineinkauf, Energie, Lagerung und Sommelerie. Der Wein muss nur geöffnet und serviert werden. Ein geringer Kostenfaktor pro Nase, da bleibt was übrig.

_____ **PAULA BOSCH**: Mir ist völlig unklar, warum sich diese Praxis, die im Ausland so prima funktioniert, in Deutschland nicht durchsetzt. Sie ließe sich ja darauf beschränken, dass man nur Weine mitbringen darf, die nicht auf der (kleinen) Weinkarte stehen. Der Vorteil von BYO: Man benötigt keine große Weinberatung. Niemand muss erklären, was passt oder was nicht. Davon abgesehen kämen wir wieder ein bisschen auf den Boden der Normalität zurück. Dem Gast muss doch zunächst einmal das Essen schmecken. Erst danach kommt die Frage, ob der Wein passt oder nicht.
Überall kann das natürlich nicht so sein, sonst wäre die Sommelerie bald ohne Zukunft.

IN WELCHEM WEINLAND SEHEN SIE EINE ZUKUNFT AUF DEM MARKT?

_____ **TOBIAS KLAAS**: Kroatien finde ich sehr spannend …

_____ **PAULA BOSCH**: Bingo, Sie sprechen mir aus der Seele! Ich liebe Istrien und dessen Weine, genauso wie die der ganzen kroatischen Küste runter bis Montenegro. Und auch im Hinterland gibt es spannende, sehr authentische Weine. Außerdem ist bekanntlich die Natur überall bezaubernd schön, wo Wein gedeiht – in Kroatien teils sogar paradiesisch schön!

TOPWEINE IN LOCKEREM AMBIENTE – UND WIE DAS GEHT!
PAULA BOSCH UND DANIEL KUROSH

Wein und Pizza? Passt das zusammen? Und wie! Eine hervorragende Weinkarte in einer grandiosen Pizzeria anzubieten – das ist der Clou, hinter dem Daniel Kurosh steckt. Und dabei kommt der engagierte Topsommelier eigentlich aus der Königsklasse der Restaurants: der Schwarzwaldstube, also dem Dreisternerestaurant des Hotels Traube Tonbach in Baiersbronn. Hier hat er unter Harald Wohlfahrt und Stéphane Gass gelernt und sich als Sommelier ausbilden lassen. In der angesagten Pizzeria nineOfive in München-Schwabing ist er nun Chefsommelier und Mitglied der Betriebsleitung. Als Gast fühlt man sich bei ihm gut aufgehoben und entdeckt immer wieder viele gute Weine – klassische, bekannte, aber auch immer wieder neue.

IST SOMMELIER FÜR SIE DER BERUF SCHLECHTHIN? UND GLAUBEN SIE, DASS EIN SOMMELIER AUCH DER BESSERE GASTGEBER IM RESTAURANT IST?

_____ **DANIEL KUROSH**: Der Beruf schlechthin? Ich würde sagen: ja. Ich hätte es nicht besser treffen können. Einer Arbeit nachzugehen, die man liebt, heißt ja auch ein bisschen, sein Hobby zum Beruf zu machen. Auch wenn immer mal wieder die eine oder andere Überstunde dazukommt – die macht sogar Freude.

Und zum zweiten Teil der Frage: Wir sind heute, glaube ich, noch mehr Gastgeber als früher, weil die Personalstruktur in den Restaurants nicht mehr so gegeben ist wie noch vor 20 Jahren.

—— **PAULA BOSCH**: Ich glaube, dass die Sommelerie von heute in Teilen ein anderes Berufsbild und Aufgabenfeld hat als vor 20 Jahren. Sie sagen, eine Position kann wegfallen, weil der Sommelier im Service die Aufgaben des Restaurantchefs auch übernehmen kann? Wir sind in einem Punkt einer Meinung: Bevor man Sommelier wird, muss man erst einmal im Service richtig kellnern können. Dennoch muss ich hier eine bedeutende Anmerkung machen. Ganz viele Sommeliers haben nicht annähernd die Begabung und das Talent zum Restaurantdirektor, zum sogenannten Maître d'hotel. Diese altehrwürdige Kategorie von Oberkellnern – ganz selten waren es Damen – scheint mir nahezu ausgestorben. Denn wo sind sie heute, die Herren Manfred Friedel, Peter Kluge, Dominique Metzger, Hubert Pfingstag und Co.? Entweder sind sie schon im Ruhestand oder kurz davor oder sie haben die Position gewechselt. Auch wenn ich an dieser Stelle allen noch nicht betagten Maîtres möglicherweise ans Schienbein trete: Böse ist das nicht gemeint. Es ist vielmehr ein Aufbegehren, ein Hilferuf nach all jenen, die diesen Job immer noch leidenschaftlich ausüben und viel zu wenig beachtet werden. Sie sind rar geworden, nicht nur in der deutschen Spitzengastronomie, und das Schlimme ist: Sie haben so gut wie keine Nachfolger.

Anstelle der einstigen Könige in den Restaurants werden nun Sommeliers postiert. Ja, diese können besser riechen und schmecken und wissen viel mehr über die Weine. Aber nie und nimmer können die „Damen und Herren der Flaschen" einen Maître d'hotel der alten Schule ersetzen, der in Windeseile Enten, Gänse, Wachteln oder Stubenküken in mundgerechte Teile zerlegt und jede Leidenschaft und auch jede Abneigung seiner Gäste kennt. Für mich passt das zur Entwicklung in der Servicewüste Deutschland, dass Sommeliers den Kopf einer Servicemannschaft ersetzen sollen.

NICHT NUR DAS KÖNNEN, SONDERN AUCH EIN GEWISSES ÄUSSERES ERSCHEINUNGSBILD WAREN GERADE IM SERVICE UND AUCH IN DER KÜCHE VIELE JAHRE EIN AUSWAHLKRITERIUM. HEUTE IST DIE BERUFSWELT ALLGEMEIN TOLERANTER IN DIESER HINSICHT. GILT DAS AUCH IN DER GASTRONOMIE? WAS HAT SICH IN DIESEM PUNKT VERÄNDERT?

_____ **DANIEL KUROSH:** Bei uns im nineOfive muss ich keinem Dresscode folgen. Im Gegenteil: Einen Sommelier im Anzug in einer Pizzeria fände ich sogar unpassend. Das würde die Diskrepanz zwischen Pizza und tollen Weinen eher vergrößern. Aber zu meiner Zeit in der Schwarzwaldstube hätte ich unmöglich so zur Arbeit antreten können, wie ich heute gern aussehe …

_____ **PAULA BOSCH:** Da hat sich einiges getan. Beim akuten Mangel an Fachkräften besonders im Service könnte ich mir gut vorstellen, dass Sie, Daniel, mit Bart, langen Haaren unter der Wollmütze und tätowierten Armen, aber herausgeputzt im Anzug mit feinstem Schuhwerk, auch in einen Dreisternetempel passen könnten.

PASST WEIN WIRKLICH ZU PIZZA? ODER WELCHES GETRÄNK WÄRE VIELLEICHT BESSER GEEIGNET?

_____ **DANIEL KUROSH:** Das geht immer ein bisschen nach dem persönlichen Gusto. Bier oder Wasser passen natürlich auch gut. Auch wer keinen Wein trinkt, soll ja am Ende sagen: „Toll ist es gewesen, wir wurden gut bewirtet, der Kellner oder der Service hat verstanden, was ich möchte oder nicht wollte, und hat nicht versucht, mir eine Flasche Wein zu verkaufen, die ich gar nicht trinken möchte." Ein Beispiel: „Hellboy", das ist quasi unser Signature Dish im nineOfive. Eine Pizza mit Käse, Tomatensauce, Chorizo, getoppt mit selbst gemachtem Chilihonig für eine süße Schärfe. Ein gereifter restsüßer Riesling passt super dazu.

_____ **PAULA BOSCH:** Ich erinnere mich, davon haben Sie mich auch schon mal überzeugt. Generell denke ich auch, dass es keinen Grund gibt, Pizza gering zu schätzen. Das oberlehrerhafte Getue von oben herab ist nicht berechtigt. Pizza ist ein Nahrungsmittel, eine Götterspeise wie Pasta oder Kartoffeln. Die Wahl des Weins richtet sich nach dem, was obendrauf kommt. Und wenn mir nach einem Château Latour zur Salamipizza ist und ich mir das leisten kann, na, dann nix wie her damit.

ERKENNEN SIE IN KURZER ZEIT, WAS DIE MENSCHEN TRINKEN WERDEN ODER MÖCHTEN? INTERESSIERT SIE DAS, ODER HABEN SIE EINE VORSTELLUNG, WAS SIE TRINKEN SOLLEN?

_____ **DANIEL KUROSH**: Ich erkenne das auf jeden Fall relativ schnell. Spätestens nach dem fünften Satz, nachdem ich die Karte gereicht und den ersten Wortwechsel mit dem Gast geführt habe, weiß ich in der Regel zu 99,95 Prozent, was er möchte und was er vor allem nicht möchte.

_____ **PAULA BOSCH**: Ich nenne dieses Können „Begabung für diesen Beruf". Das kann man durchaus lernen, Begabung spielt bei diesem „Erkennenkönnen" jedoch auch eine große Rolle.

Man muss es vor allem und in erster Linie aber wollen. Wer diesen Beruf nur wegen all seiner vorteilhaften Seiten wählt, wird niemals ein guter Sommelier. Mit etwas natürlichem Gespür für die Menschen und ihre Wünsche kriecht man quasi in sie hinein und findet heraus, welche Weinvorliebe in ihnen steckt.

SEHEN SIE IN DEN NÄCHSTEN DREI JAHRZEHNTEN NUR NOCH IN DER TOPGASTRONOMIE EINE ZUKUNFT FÜR DEN SOMMELIER?

_____ **DANIEL KUROSH**: Nicht so, wie es in den letzten drei Jahrzehnten war. Das heißt, es wird noch Topgastronomie geben, aber das wird sich auf eine Speerspitze beschränken, also die Zwei- und Dreisternegastronomie, denke ich.

_____ **PAULA BOSCH**: Ich erwarte hier viele Veränderungen. Ein Teil der Gäste von heute wird auch morgen da sein.

UND WAS DEN LEUTEN IN DEN SOCIAL-MEDIA-KANÄLEN AN WEININFOS PRÄSENTIERT WIRD, VOR ALLEM AUCH DAS DRUMHERUM, VERKOMMT LANGSAM, ABER SICHER ZU EINEM KASPERLTHEATER.

So kommt mir jedenfalls so manches vor. Diese Art der Selbstdarstellung – in täglich wechselnden Gewändern wie im Theater – ist auch eine Kunst, aber hoffentlich bald wieder out. Die seriöse Arbeit vieler Sommeliers in Spitzenrestaurants wird teilweise als altbacken, verstaubt, nicht mehr zeitgemäß betrachtet – das ist ja lächerlich! Dabei ist es genau andersherum: Wenn dieser kleine Kreis an seiner seriösen Tätigkeit festhält, sie noch ausweitet und seine Geruchs- und Geschmacksfähigkeiten weiter trainiert, dann stehen die Könner am Ende als Sieger im Ring. Diese Menschen haben eine Begabung, die fasziniert, und können mit entsprechendem Hintergrund Gäste in ihren Bann ziehen. An einen Durchbruch des Berufsstandes insgesamt glaube ich allerdings nicht mehr.

WAS HALTEN SIE VON ONLINE-VERKOSTUNGEN, BEI DENEN MAN PLASTIKFLÄSCHCHEN ZUGESCHICKT BEKOMMT, DIE FÜNF ODER ZEHN ZENTILITER WEIN ENTHALTEN?

_____ **DANIEL KUROSH**: Nicht so viel.
_____ **PAULA BOSCH**: Kann man vergessen. Plastik, was für eine Weinverschwendung! Auf keinen Fall ist das professionell, weil sich schon in kürzester Zeit die kleine Menge Wein mit dem Kunststoff verbindet.

VERTRÄGLICHKEIT BEIM THEMA WEIN. IST DAS FÜR SIE VON BEDEUTUNG?

_____ **DANIEL KUROSH**: Ja, auf jeden Fall. Man muss den Alkohol vertragen können. Ich trinke gerne Wein. Und ich mag auch das Gefühl, mal ein bisschen mehr davon getrunken zu haben. Da muss der Wein unbedingt bekömmlich sein. Echte Exzesse sind aber nicht mehr so mein Ding.
_____ **PAULA BOSCH**: Nun ja, in jungen Jahren haben wir und unsere Gäste viel mehr getrunken als heute. Wir haben auch mehr vertragen. Aber das ist ja bei der Bekömmlichkeit nicht die Frage. Ich meine, dass die Weine von heute in allen Preisklassen, mit Ausnahme von billigsten Supermarktqualitäten, besser und damit auch verträglicher geworden sind. Dank der seit Jahren vorangetriebenen Qualitätsoptimierung in der Landwirtschaft ist man auch im Weinbau bei einem schonenden Umgang mit der Natur angekommen. Die Winzer setzen mehr und mehr auf Bio-, Natur-, oder schwefelfreie Weine. Diese enormen Veränderungen – zurück zur Natur, bessere Technik, mehr Hygiene im Keller, weniger bis gar keine Chemie – führen eindeutig nicht nur zu einer Qualitätssteigerung, sondern sorgen auch für mehr Bekömmlichkeit beim Weingenuss.
Und das ist keine Frage, ob es sich um Spitzen- oder Alltagsweine handelt. Es gilt einfach weiterhin, die verantwortungsvollen Weinproduzenten auszuwählen, Massenware abzulehnen – und konsequenterweise den dafür nötigen Preis zu zahlen.

DENN ALLES HAT SEINEN PREIS, AUCH DIE BEKÖMMLICHKEIT DER WEINE!

PAULA BOSCH ÜBER ...

DIE KÜR DER SOMMELIERS: WEINBEGLEITUNGEN

Empfohlenes Wein-Menü oder lieber Weine von der Karte? Das ist die Frage aller Fragen für uns und unsere Gäste. Ich habe Anfang der 1990er-Jahre damit angefangen, eine ausgewählte Weinbegleitung zu jedem Gang im Menü zu empfehlen. Das war in Deutschland damals so noch nicht üblich. Aber ich fand es ideal, glasweise beste und allerbeste Weine auszuschenken. Den Helden Edelzwicker und Côte du Rhône hatte ich den Kampf angesagt. Längst sind ausgeklügelte Weinbegleitungen zur Kür der Sommelerie geworden. Und auch wenn

sie nicht überall perfekt beherrscht werden, sind sie doch eine große Bereicherung, nicht nur für die Gäste. Der Sommelier hat im Vorfeld seine Aufgabe bestens erledigt und kann im Service später vieles delegieren. In der Regel stimmt auch die Kasse, wenn auch nicht unbedingt zugunsten der Gäste – offen ausgeschenkt sind die Weine häufig deutlich teurer. Und die Unsitte, ungeliebte Flaschen aus dem Keller auf diese Weise zu entsorgen, ist leider auch noch nicht ausgestorben. Im Alltag betrachte ich das Thema Wein und Essen nicht so streng. Selbst in den besten Restaurants entscheide ich mich sehr häufig für

Flaschen aus der Weinkarte, die mich reizen. Das können Schnäppchen sein, manchmal mache ich auch Entdeckungen. Mein Tipp zu den Weinbegleitungen in Menüs aller Art: Wenn Sie den Sommelier oder die Sommelière kennen, dann haben Sie Vertrauen und lassen Sie sich auf die Weinreise mitnehmen. Machen Sie die Damen oder Herren zu Ihren Verbündeten. Sagen Sie sofort, was Ihnen nicht schmeckt und warum nicht, fragen Sie nach einer Alternative. Wird nicht verständnisvoll darauf reagiert, dann wählen Sie selbst aus der Weinkarte.

_____ SOMMELIERS ALS RESTAURANT-LEITER – UND UMGEKEHRT

Immer wieder kommt es vor, dass Sommeliers aus wirtschaftlichen und personellen Gründen die Restaurant-leiter in ihren Betrieben auf der Payroll ersetzen. In dieser Konstellation kann das durchaus funktionieren. Der Sommelier hat es wesentlich einfacher, sich mit den speziellen Aufgaben eines Restaurantchefs vertraut zu machen als umgekehrt. Warum ist das so? Die Ausbildung für Restaurantmit-arbeiter ist zunächst einmal grundsätz-lich einheitlich. Dann spezialisiert sich der Sommelier, und vor 40 oder 50 Jahren tat das der Oberkellner auch. Er lernte tranchieren, flambieren und dergleichen. Das findet heute so gut wie nirgends mehr statt. Natürlich lernten auch die Oberkellner damals Weinkunde, aber wie schon erwähnt, war diese in den 1970er-Jahren weitaus weniger umfassend als heute. Nach meinem Verständnis von einem gut funktionierendem Service be-herrscht ein tipptopp ausgebildeter Sommelier alle Aufgaben eines Kell-ners. Zugleich aber zählt ein Teil seiner Ausbildung auch zum Arbeitsbereich eines Chefs im Restaurant – Dinge wie der Umgang mit den Mitarbeitern, das Verfassen von Dienstplänen, das Führen von Reservierungsbüchern, Kellnerabrechnungen und Kassenab-schlüsse. Servicemitarbeiter hingegen haben in der Ausbildung nur wenige Stunden in Wein- und Getränkekunde. Am Ende haben sie ein paar Grundbe-griffe im Repertoire, mehr nicht. Dass sie sich regelmäßig um aktuelle Ge-schehnisse im Weinbusiness kümmern oder definierte Erfahrungswerte in der Kombination von Wein und Speisen besitzen, kommt eher selten vor. Sie wissen auch über Gewürze, Getränke aus aller Welt und deren Details zu Aroma, Geruch, Konsistenz und Struktur nicht so gut Bescheid, dass sie einen Sommelier in vollem Umfang ersetzen könnten. Umgekehrt ist das, wie gesagt, viel einfacher.

_____. DIE ZUKUNFT DER BRANCHE
Wenn es um meinen Beruf geht, macht mir der Blick in die Zukunft nicht nur Freude. Der Zuwachs an jungen, motivierten Sommeliers ist enorm – ich befürchte dennoch, dass der Posten des Sommeliers auf der Payroll vieler Restaurants als Erstes gestrichen wird. Die Corona-Pandemie hat zusätzliche Probleme in dieser sowieso nicht einfachen Branche aufgetan. Viele Mitarbeiter mussten sich anderweitig orientieren und kommen nun nicht mehr zurück, weil ihnen der neue Lebensstil vielleicht sogar besser gefällt. Bessere Arbeitszeiten, Homeoffice, freie Wochenenden sind natürlich verlockend. Dabei gibt es viele Möglichkeiten. Vom guten Wirtshaus bis zur Dorfwirtschaft mit super Weinausschank,

von der Pizzeria bis zur Weinbar: Sommeliers haben heute weitaus mehr attraktive Ausweichmöglichkeiten, als die Topgastronomie wahrhaben will.
Da muss viel geschehen in der Königsklasse. Ansonsten endet es vermutlich in vielen Betrieben so, dass Oberkellner, Restaurantchef oder die Inhaber selbst die Aufgabe des Sommeliers miterledigen. Darauf richten sich junge Menschen schon heute während ihrer Ausbildung ein. Und da kommt zum Tragen, was ich von Anfang an gelernt habe. Bevor ich Sommelière wurde, habe ich erst mal den Restaurantmeister gemacht. Ich habe mich vorbereitet: Wenn ich nicht mehr in meinem speziellen Beruf arbeiten kann, kann ich als Restaurantchef weitermachen und darf auch zielstrebige Mitarbeiter in der Gastronomie ausbilden.

_____ IN DEN KELLER SCHAFFEN ES NUR NOCH DIE BESTEN WEINE
Schon vor 30 Jahren war deutlich zu erkennen, dass sich Geschmack und Weinstil in Richtung schnellere Trinkreife verändern, nicht nur bei

Rotweinen. Das kann man bei rotem Bordeaux ebenso beobachten wie bei Barolo. Was früher 20 oder 30 Jahre zur Reifung in den Keller musste, kann inzwischen schon nach spätestens drei, vier Jahren getrunken werden.

Dass die Weine heute viel früher reif und weniger tanninlastig sind, liegt an veränderten Herstellungsprozessen und ist eine Antwort auf den Wunsch nach schnellem Konsum.

Auch der in den 1980er-Jahren in Mode gekommene Weinjournalismus hat einen Anteil daran, dass sich die geschmackliche Ausprägung vieler (aber zum Glück nicht aller) Weine verändert und in gewisser Hinsicht globalisiert hat.

Ich schätze, weit über 80 Prozent aller produzierten Weine sind nach wenigen Monaten Flaschenreife fertig für den frühen Genuss. In die Keller schaffen es nur noch die Besten. Zudem hat die Weinbranche in Übersee längst ihre Hausaufgaben gemacht – die feinsten Gewächse von dort und europäische Weine können heute nur noch schwer auseinandergehalten werden.

IN WEIN INVESTIEREN – ES LOHNT SICH DOCH …

Wein zu Hause, im eigenen Weinkeller? Ganz klar: ja. Ich habe oft schon früh bestimmte günstige Premiers Crus gekauft, auch Spitzenweine der weniger hochgelobten Bordeaux-Châteaux, die dann irgendwann richtig teuer wurden. Fakt ist bei uns Sommeliers, dass wir ja nicht nur hier und dort ein Schlückchen probieren können, sondern Weine auch erleben müssen. Will heißen: Eine Flasche Wein bei entsprechenden Rahmenbedingungen hinterlässt einen völlig anderen Eindruck als ein Probeschluck im Keller oder Restaurant. Daher haben sich bei mir im Lauf der vielen Berufsjahre Kisten und Kartons angesammelt, und ich sehe mit diebischer Freude beim Genuss all dieser nun auch schön gereiften Schätze, wie die Preise für sie in der Zwischenzeit nach oben geschossen sind. So machen mir die Einkäufe von gestern doppelt Spaß.

Und wenn Sie vor allem als „Kapitalanlage" in Wein inverstieren wollen, sollten Sie unbedingt die folgenden Punkte beachten:

- × Die Nachvollziehbarkeit der Herkunft, die Bezugsquelle und eine Garantie für die Echtheit der Ware sind das A und O.
- × Selbst Auktionshäuser können keine hundertprozentige Garantie geben. Dennoch sind sie die zuverlässigsten Quellen, weil sie die Ware auf Echtheit prüfen, was eine gewisse Sicherheit bietet. Setzen Sie sich stets ein Preislimit bei Auktionen, meiden Sie Bluechips.
- × Investieren Sie in erster Linie einerseits in Spitzenweingüter und andererseits in erstklassige Weine, die Ihnen schmecken, die aber völlig unbekannt und daher meistens günstig im Einkauf sind. Eher rot als weiß, und nur was Ihnen schmeckt! Wenn die Spekulation nicht aufgeht, haben Sie immer noch einen erstklassigen preiswerten Wein zum Genießen.
- × Kaufen Sie nur Topjahrgänge, auch fünf- bis zehnjährige Weine mit höchsten Bewertungen, denn gereifte Weine sind gefragt.
- × Kaufen Sie die Ware beim Händler Ihres Vertrauens. Zu groß ist das Risiko beim Internethandel.

_____ EINE FLASCHE WEIN – ALLEIN ODER IN GESELLSCHAFT?

Natürlich macht ein guter Wein auch allein Spaß, doch ich bevorzuge gute Gesellschaft, ganz besonders Kollegen, auf deren Urteil ich großen Wert lege. Häufig wird man dabei auf den Boden der Tatsachen zurückgeholt, speziell bei Blindproben. Selbst die größten Weine müssen da beweisen, ob sie wirklich besser sind als die anderen. Das macht nicht nur Spaß, sondern hat einen enormen Lerneffekt. Manchmal steht man völlig sprachlos vor einem großen Wein, den man hätte erkennen müssen.

_____ ES GIBT JEDEN TAG GRÜNDE FÜR EINE GUTE FLASCHE WEIN …

Die Momente, wenn wir ganz besondere Flaschen öffnen, sind für uns Weinliebhaber nicht anders als bei jedem anderen Freund der edlen Rebensäfte. Nur: Wir warten keinen besonderen Moment ab – zur Not schaffen wir einen. Es gibt jeden Tag Gründe genug für eine besondere Flasche. Man muss diese Flasche nur haben, also: vorbereitet sein … und zwar immer!

SCHÖNE WEITE WEINWELT

AUF DEM WEG ZU WINZERN UND JEDER MENGE ARBEIT

_____ Es gab nicht wenige Tage, an denen ich mich gefragt habe, warum ich mich überhaupt für den Beruf der Sommelière entschieden habe. War es die schiere Begeisterung für Wein, die schon im Elternhaus in mir geweckt wurde? Oder eher die Triebfeder Reiselust, die mich aus dem kleinen Nest auf dem Land in die weite Welt hinausgezogen hat?

_____ Ich tendiere dazu, dass es die Lust am Reisen war. Es war die Chance, mit der Berufswahl die Welt zu entdecken und dabei Angenehmes mit Beruflichem zu verbinden – nicht nur beste Restaurants, sondern auch Winzer und ihre Weine. Wie gut sich diese beiden Welten ergänzten, konnte ich schnell erfahren.

_____ Zu Beginn der aufstrebenden deutschen Restaurantszene in den 1970er-Jahren kam alles, aber wirklich alles, was in hochdekorierten Lokalen serviert wurde, aus Frankreich. Die besten Produkte wurden von den Pariser Markthallen bezogen, die Weine kamen aus Burgund, von der Loire, aus der Champagne, aus Bordeaux. Die französische Ess- und Trinkkultur galt hierzulande als das Nonplusultra. Und Deutschland? Nun, die jungen Winzer standen schon in den Startlöchern ihrer elterlichen Betriebe, setzten sich erst mit Frankreich, später mit der ganzen Welt auseinander. Je nach Talent, Zeit und finanziellen Möglichkeiten begründeten sie spätestens ab den 1990er-Jahren einer nach dem anderen das „Weinwunder Deutschland" – genauso und nahezu zeitgleich, wie es unsere Köche hinter ihren Herden praktizierten. Ich als begeisterte Jungsommelière, nicht ganz erfahrungslos, aber eben doch noch in meinen Lehrjahren, reiste, wann immer möglich, von einem Weingut zum anderen, von einer Weinprobe zur nächsten. In den ersten Jahren beschränkte ich mich dabei auf Frankreich und Deutschland.

_____ Ich versuchte, dem Mysterium Wein näherzukommen, indem ich mich in die Feinheiten von Geruch und Geschmack vertiefte – und dabei fiel mir lange nicht auf, dass da noch viel mehr ist. Wie entsteht dieses edle Getränk eigentlich? Und auf einmal, als ob jemand einen Schalter umgelegt hätte, kam in mir eine ungeheure Neugier auf, mehr über den Weinbau und seine Macher zu erfahren.

DIE FRAGE ZUR LAGE: WO WACHSEN DIE REBEN? UND WER STECKT HINTER DEM WEIN?

_____ Fragen über Fragen schossen durch meinen Kopf, ließen nicht mehr locker. Plötzlich entdeckte ich, wie interessant und hilfreich es war zu wissen, warum ein Riesling von der Mosel ganz anders schmecken muss als einer vom Rhein. Warum zwei Chardonnays aus gleicher Lage, aber von unterschiedlichen Produzenten, verschieden schmeckten, und was unterschiedliche Böden, Höhen oder Himmelsrichtungen im Wein bewirken. Ein nicht enden wollender Lernprozess setzte ein, zu dem ständig neue Themen hinzukamen.

_____ Den alles entscheidenden Faktor bei der Entstehung des Weins, die Menschen, die Winzer, habe ich erst relativ spät wahrgenommen. Warum, kann ich nicht beantworten. Dabei hat sich der Weinbau in den letzten vier Jahrzehnten viel weiter entwickelt als in den letzten, gefühlt 200 Jahren davor. Es werden zahlreiche neu entwickelte Geräte, Dünge- und Spritzmittel, Tees und Präparate zur Qualitätssicherung eingesetzt, immer mehr Winzer widmen sich der Biodynamie und denken schon heute darüber nach, wie sie morgen und in Zukunft ihre Reben vor dem Klimawandel schützen können.

_____ Natürlich gibt es in der Weinbranche nicht weniger schwarze Schafe als in anderen Wirtschaftsbereichen auch. Doch als Sommelière

„EHRLICHE WINZER, DENEN IHRE WEINBERGE UND REBEN ALLES BEDEUTEN, MACHEN IN DER REGEL GUTE WEINE, VORAUSGESETZT, SIE BESITZEN EINEN FUNKEN TALENT UND WEINBERGE IN GUTEN LAGEN."

PAULA BOSCH

war und bin ich immer auf der Suche nach dem Guten und noch Besseren – den Rest habe ich ausgeschlossen. Bei allen Kapriolen der Natur, die ein Winzer zu bewältigen hat, entscheidet letztendlich er, was aus den Trauben werden soll. Die Kellerarbeit ist heute zwar dank vieler technischer Raffinessen einfacher – selbst gesundes Nichtstun wird dort hochgelobt –, aber dennoch sind im Keller wie im Weinberg immer Entscheidungen zu treffen, die den Weincharakter bestimmen. Ob sie richtig oder falsch waren, zeigt sich erst beim Probieren des fertigen Weins.

_____ Ehrliche Winzer, denen ihre Weinberge und Reben alles bedeuten, machen in der Regel gute Weine, vorausgesetzt, sie besitzen einen Funken Talent und Weinberge in guten Lagen. Ob mir als Konsument der Wein dann schmeckt oder ob ich ihn verstehe, ist eine andere Frage.

DER GESCHMACK VON SCHIEFER

_____ Welch schweißtreibende, mühevolle, aber auch schöne und erfüllende Arbeit Winzer tagtäglich leisten, wird einem wohl erst wirklich bewusst, wenn man selbst einmal mit ihnen im Weinberg gestanden hat, eventuell sogar mit Hand angelegt hat. Wenn sie, umgeben von ihren Schützlingen, von Mühen und Glück zugleich erzählen.

_____ Schon in meiner Zeit in Köln und Düsseldorf haben mich einige meiner Weintouren an die Mosel nachhaltig beeindruckt. Ein Erlebnis besonderer Art hatte ich in einer Steillage in Brauneberg, und es hat mir für den Rest meines Lebens so viel Respekt vor der Arbeit eines Winzers eingeflößt, dass ich seitdem fest entschlossen bin: Nie im Leben komme ich auf die Idee, selbst Winzerin zu werden. Diese frühe Einsicht verdanke ich meinem langjährigen, verehrten, ja geliebten Winzerfreund Wilhelm Haag aus Brauneberg. Er war es auch, der meine Liebe zum Riesling entfacht hat.

_____ Haag akzeptierte mich in meiner verantwortungsvollen Aufgabe als Chefsommelière, gleichzeitig war er mir ein väterlicher Freund. Eines Tages nahm er mich mit in den Weinberg, in seine Paradelage, die Brauneberger Juffer. Stolz präsentierte er mir, quasi Meter für Meter, eine Rebzeile nach der anderen. Wir fingen unten am Fuß des Hangs an, und Schritt für Schritt wurde es immer steiler – und noch steiler, und es ging noch ein Stück höher hinauf. Riesling, so weit das Auge reichte. Schließlich blieb Wilhelm stehen, drehte sich zu mir um und deutete verschmitzt, aber zufrieden grinsend auf die Sonnenuhr im Weinberg, nach der die Spitzenlage im Mittelteil der Juffer benannt ist. „Und jetzt einen Schluck von hier?", fragte er mich. „Riesling, der noch nicht zu Deinen Favoriten zählt?" Ich konnte nicht sofort antworten – ein paar Tage zuvor hatte ich eine voreilige, unqualifizierte Bemerkung über Riesling im Allgemeinen gemacht und schämte mich nun ein wenig dafür.

_____ Ich ließ meinen Blick über die steile Lage und die bis zum Himmel ragenden Rieslingreben wandern. Sie hingen voller Trauben, die aber noch nicht reif waren. Unter ihnen heizte sich der Boden gnadenlos in der Mittagssonne auf, und mir stieg ein bekannter Duft in die Nase, der mich nachdenklich machte. Die Frage, wonach es hier wohl roch, stellte sich mir automatisch, aber Wilhelm Haag funkte dazwischen: „Na, Mädel, riechst Du das … dieses Terroir, den Boden, diesen Stein?" Und natürlich wusste ich es: Es war Schiefer! Längst hatte ich ein schönes Stück in den Fingern, hatte es abgeleckt und ja, ich erinnerte mich: an meine alte Schultafel, vollgemalt und später mangels nassem Schwämmchen abgeleckt. Danach, zumindest ähnlich, roch und schmeckte dieser Stein! Learning by doing. Ein paar Monate später erntete Wilhelm Haag den Jahrgang 1988, dessen Qualität als legendär bezeichnet wird. Eine perfekte Magnumflasche mit einer Auslese dieses Weins habe ich mit Freunden vor Kurzem geöffnet und den ersten Schluck auf Wilhelm getrunken, der sein Leben dem Riesling gewidmet hat.

GEWINNER UND VERLIERER: GROSSE WEINE IM ZEICHEN DES KLIMAWANDELS

_____ Die Zeit steht aber nicht still, daher gilt es auch, den Blick in die Zukunft zu richten. Eine Frage, die nicht nur Winzer, sondern die gesamte Branche beschäftigt, ist: Was macht der Klimawandel mit den Reben der großen Lagen? Die Frage, wo in nächster Zukunft von den Edelrebsorten – von Chardonnay, Riesling und Spätburgunder (Pinot Noir) bis Cabernet Sauvignon und Co. – die feinsten Weine bereitet werden, kann zwar noch nicht eindeutig beantwortet werden, aber die Spekulationen laufen auf Hochtouren. Die teils da und dort erlaubte Bewässerung der Reben dürfte zugunsten anderer Bereiche verboten werden. Und sicher ist auch, dass sich die idealen Weinbauregionen nicht erst in 500 Jahren in Richtung Nord- und Südpol verschieben werden.

„NA, MÄDEL, RIECHST DU DAS ... DIESES TERROIR, DEN BODEN, DIESEN STEIN?" UND NATÜRLICH WUSSTE ICH ES:

ES WAR SCHIEFER!

_____ Ob sich die Winzer irgendwann von ihren bislang geschätzten Lieblingen zugunsten von PIWI-Rebsorten verabschieden müssen oder werden, ist ebenfalls noch nicht eindeutig geklärt. PIWIs – das Akronym steht für pilzwiderstandsfähige Rebsorten – sind Neuzüchtungen, die, wie der Name sagt, resistent gegen Pilzkrankheiten wie Mehltau oder Grauschimmel sind. Einige dieser Sorten liefern durchaus akzeptable Ergebnisse, und manche sind schon für Qualitätsweine zugelassen. Dennoch bin ich persönlich davon überzeugt, dass in den großen, traditionellen Lagen die klassischen Rebsorten auf keinen Fall gegen PIWIs ausgetauscht werden sollten, zumindest nicht in den nächsten Jahren. Sie sind einfach noch keine vollwertigen Alternativen zu den Edelsorten. Dass sich der Klimawandel bei den Weinreben weltweit bemerkbar macht, ist dennoch eindeutig klar.

_____ Zwangsläufig wird es auf beiden Seiten Gewinner und Verlierer geben: Regionen, in denen in kühlen, kalten oder nassen Jahren die Trauben bestimmter Rebsorten nicht ganz reif wurden, sind sicher die Gewinner von morgen. Dort, wo sie schon länger mit hohen Temperaturen, Trockenheit und sonstigen Wetterkapriolen zu kämpfen haben, werden die großen Verlierer sein. Trauben, die bei zu viel Sonne und Hitze gereift sind, leiden unter Trockenstress oder mangelnder Nährstoffversorgung und können keine guten Ergebnisse liefern. Ihr Zuckergehalt steigt an, was zu höheren Alkoholwerten führt, die Säure sinkt auf einen Tiefstand, der Geschmack wird breit, platt, vom Alkohol geprägt, und die gefürchteten rauen, groben Gerbstoffe (Tannine) treten in den Vordergrund. Klar, kein Mensch will so etwas trinken. Daher muss eine Lösung für den Weinbau gefunden werden.

_____ Laut einiger Statistiken ist heute schon bekannt, dass einige Länder im Süden Europas den Weinbau in 50 bis 100 Jahren aufgeben werden müssen. Dagegen etwas zu unternehmen ist für Einzelne so gut wie aussichtslos, auch wenn Maßnahmen wie die Verlegung der Weinberge in höhere und damit kühlere Lagen, eine dichtere Bepflanzung und ein angepasstes Laubmanagement vorläufig größere Schäden verhindern oder zumindest verzögern können. Vielleicht schrumpft sich der Weinbau durch diese Reaktion der Natur auch wieder gesund, denn eines ist klar: Wein gibt es derzeit mehr als genug auf unserem Planeten. Nur werden die großen Weine durch den im Eiltempo daherkommenden Klimawandel in Zukunft noch schneller sehr viel rarer sein!

AUF EIN GLAS
MIT PAULA BOSCH
WINZER UND
IHRE WEINE

PAULA BOSCH IM GESPRÄCH MIT DEN WINZERN JOACHIM HEGER, BERNHARD OTT UND STEPHAN ATTMANN

JOACHIM HEGER war in Paula Boschs erster Zeit als Sommelière der Winzer, dessen Rebsortenauswahl und Weinstil ihren französischen Favoriten am nächsten kam. Er baute seine Burgundersorten – Weißburgunder (Pinot Blanc), Grauburgunder (Pinot Gris), Chardonnay und Spätburgunder (Pinot Noir) – im Barrique aus, im neuen Holzfass,

und entsprach damit weitestgehend ihrem Ideal. Heger wollte schon als Jungwinzer damals die Qualitäten erreichen, die er aus Burgund kannte. Weit davon entfernt war er nach Ansicht von Paula Bosch nicht.

BERNHARD OTT war die eine Weinentdeckung für Paula Bosch, die sich über die letzten drei Jahrzehnte stets weiterentwickelt hat. Er ist immer sprichwörtlich mit Vollgas voraus, bereitet seine Weine aus tiefster Überzeugung und ist nie irgendwelchen Moden gefolgt. Lange vor allen anderen Kollegen pflegte er den Ausbau von

Weißwein auf der Maische und die Reifung in Quevris (georgischen Tonamphoren). Überzeugend war auch seine Verwendung von Schraubverschlüssen ebenso wie seine – sehr viel später erkannte – Liebe zum Holzfassausbau.

STEPHAN ATTMANN begleitete Paula Bosch viele Jahre zu den anstrengendsten Weinverkostungen, die man als Sommelière machen kann, nämlich zu den jährlichen Primeur-Proben in Bordeaux. Dort lernte sie seine grundlegende Einstellung zur Weinerzeugung, seine Vorlieben und Abneigungen bei Jungweinen kennen. Seine sture Konsequenz in der Verfolgung seines Qualitätsideals hat ihm bei diesen Verkostungen das Leben immer wieder schwer gemacht. Heute produziert er in Deutschland aus den besten Pfälzer Lagen die Spitze der im Holzfass gereiften Rieslinge.

IM BADISCHEN PARADIES DER BURGUNDERREBEN: PAULA BOSCH MIT JOACHIM HEGER

Das Weingut Dr. Heger liegt in Baden, genauer gesagt in der kleinen Gemeinde Ihringen am Kaiserstuhl. Joachim Heger führt seit Anfang der 1980er-Jahre mit seiner Frau Silvia den Betrieb in der dritten Generation; die beiden Töchter Rebecca und Katharina sind seit geraumer Zeit im Keller und Marketing/Verkauf tätig. Mit ihnen kann die nächste Generation ihre Talente beweisen. Heger bringt ausdrucksstarke Terroirweine hervor: erstklassige Weißburgunder, Grauburgunder, Chardonnays und Spätburgunder, die die Weinkarte im Victorian in Düsseldorf ebenso bereichert haben wie im Tantris in München.

ERINNERN SIE SICH NOCH DARAN, WO SIE SICH KENNENGELERNT HABEN?

_____ **JOACHIM HEGER**: Natürlich, ich habe Paula zum ersten Mal im Rahmen der Gründungsveranstaltung des VDP Baden im Casino-Restaurant Gala in Aachen wahrgenommen. Dort hatte Gerhard Gartner gerade die „neue deutsche Küche" ins Leben gerufen … Ich kann mich auch noch erinnern, dass wir lange zusammengesessen sind und die Nacht praktisch durchgemacht haben.

_____ **PAULA BOSCH**: Ich war zu der Zeit im Victorian in Düsseldorf, bei Günter Scherrer. Meine damalige Commis-Sommelière, Susanne Juchems, hatte beim Badischen Weinbauverband einen Preis abgeräumt, eine Reise durch Baden, zu der sie mich dann eingeladen hat.

ICH HABE IHN BALD
MIT WINZERN WIE
ROULOT, MADAME
LEFLAIVE UND CO.
VERGLICHEN, DENN
ICH FAND, DASS
HEGERS WEINE
IHNEN AM NÄCHS-
TEN KAMEN.

Die Gelegenheit eines Besuchs im Weingut Dr. Heger in Ihringen, im Königreich der Burgundersorten, kam wie gerufen. Meine Vorliebe gehörte damals Frankreich, speziell den Weinen aus Bordeaux und Burgund, die in Barriquefässern ausgebaut waren. Das war für mich *das* Geschmackserlebnis, der Weinkick schlechthin. Deutschland stand in dieser Beziehung leider noch hinten an. Aber dann entdeckte ich Joachim Heger, der sich mit dieser Stilistik schon angefreundet hatte. Das war für mich ein gefundenes Fressen. Ich habe ihn bald mit Winzern wie Roulot, Madame Leflaive und Co. verglichen, denn ich fand, dass Hegers Weine ihnen am nächsten kamen. Die Gastrowelt war französisch orientiert in der Küche wie in den Kellern. Die Mehrheit der deutschen Winzer aber hinkten hinterher. Einen Chardonnay oder Spätburgunder dieser Klasse hatten damals nur ganz wenige Weinmacher in ihren Fässern.

WO HABEN SIE DAS WEINMACHEN GELERNT, UND GIBT ES FÜR DIESEN BERUF EIN TALENT?

_____ **JOACHIM HEGER**: Ich habe das von meinem Vater Wolfgang, genannt Mimus, gelernt. Er war ein großer Könner und hatte ein unwahrscheinliches Gedächtnis.

Auch wenn er nicht wusste, was er im Glas hatte und woher ein Wein kam, hat er ihn oft auf Anhieb erkannt. Er war wegen seines Könnens im Keller in Ihringen hoch angesehen und hat mich stark beeinflusst. Er konnte einfach überragend gut probieren, was er diesem Talent und seinem Gedächtnis verdankte.

Ja, ich glaube, es gibt eine Begabung, und sie ist vererbbar, denn meine beiden Töchter können genauso gut probieren. Ich probiere total gern mit ihnen, das macht mir Riesenspaß.

_____ **PAULA BOSCH**: Wenn man mich fragen würde, was ich Joachim Heger neide, dann würde ich sagen: sein wahnsinniges Gedächtnis.

MAN SAGT JA IMMER, ALKOHOL MACHT DOOF, DOCH VON JOACHIM HEGER KANN MAN DAS WIRKLICH NICHT BEHAUPTEN.

Er hat sehr viel Wein in seinem Leben probiert und auch getrunken, und sein Erinnerungsvermögen ist phänomenal. Joachim ist ein wandelndes Lexikon, er kann 30 oder 40 Jahre alte Storys aus dem Stegreif erzählen. Er hatte aber schon damals noch etwas, was ich zu jener Zeit nur von ganz wenigen Winzern kannte: den Mut, über seine Weine auch zu sprechen. Nicht nur, in welchem Weinberg sie gewachsen waren, sondern auch, was sie ausmachte. Er hat sich einen kleinen Wortschatz zugelegt, der zwar sehr knapp, kurz und bündig war, aber nichtsdestotrotz konnte ich mir etwas darunter vorstellen.

WIE FINDEN SIE ES, WENN IHRE WEINE MIT ANDEREN VERGLICHEN WERDEN? WAS HALTEN SIE VON PUNKTEBEWERTUNGEN?

———— **JOACHIM HEGER:** Meiner Meinung nach wird oft viel zu viel verglichen, denn eigentlich verdient jeder Wein Achtung und Respekt. Jedem sollte man eine Chance geben, so wie Paula Bosch das macht. Wenn ich einen Wein trinke, steht der gewöhnlich ja auch nicht im Vergleich mit anderen, sondern ich trinke eben eine Flasche Wein. Ich habe mir auch abgewöhnt, drei oder vier Weine nebeneinander zu probieren, weil das gar nichts bringt. Und Punktebewertungen führen meiner Ansicht nach zu einer Uniformität gewisser Weine. Ich bin ein großer Fan von Hans Haas und seiner Kochkunst, weil er ein

Profil hat. Sein Essen war unverwechselbar und hatte eine eigene Kontur. Und das wünsche ich mir auch für unseren Weinstil. Ich bin froh, dass ich jetzt mit meiner Tochter Rebecca eine junge Frau im Keller habe, die sich überhaupt nicht um das kümmert, was alle anderen reden, was in Mode oder en vogue ist. Sie sucht Authentizität. Inzwischen laufen diese Bewertungen ja auch schon wieder ganz anders ab. Viel wichtiger ist, dass du eine eigene Kontur hast, ein eigenes Profil.

———— **PAULA BOSCH:** Vergleichsproben sind legitim, wenn man damit bestimmte Ziele verfolgt. Für den Verbraucher dagegen sind Tests dieser Art ohne Aussagekraft und damit überflüssig. Die Ergebnisse sind schon allein deshalb nur bedingt brauchbar, weil die Reihenfolge beim Verkosten die Ergebnisse stark beeinflussen kann; sie kann kleine Weine groß und große klein machen. Eine veränderte Reihenfolge führt meist zu einem anderen Resultat.

FÜHRT NICHT AUCH DIE UNTERSTÜTZUNG DURCH FLYING WINEMAKERS UND CO. ZU EINER VEREINHEITLICHUNG?

———— **JOACHIM HEGER:** Nein, nicht unbedingt. Wir probieren schon auch gern was aus mit Leuten, die

uns weiterhelfen. Fachleute aus Burgund unterstützen uns immer mal wieder. Das ist schon öfter passiert, und ich glaube, dass sich unsere Weine dadurch deutlich verändert haben. Durch diese Einflüsse haben wir die Termine für die Weinlese weit nach vorne gezogen.

DER SPÄTBURGUN-DER BEISPIELS-WEISE IST DIE GRÖSSTE ZICKE UNTER DEN REBSORTEN.

Einen Tag zu früh gelesen, ist er grün, einen Tag zu spät, und er ist schon überreif und wird orange. Der Spätburgunder ist eine echte Challenge, und je älter ich werde, desto mehr erkenne ich das. Manchmal merkt man auch erst Jahre später, dass ein Wein vielleicht deshalb dieses reife Potenzial nicht hat, weil er zu spät gelesen wurde.

———— **PAULA BOSCH**: Berater-dienste sind in vielen Branchen gefragt. Die Weinbranche macht hier keine Ausnahme. Wer aber an den Einfluss der Natur glaubt, sei es Fluch oder Segen, sollte bei seiner Entscheidung, einen Flying Winemaker zu engagieren,

berücksichtigen, wo dieser her-kommt. Kennt er sich mit den klimatischen Verhältnissen vor Ort aus? Wer über die Qualität eines Naturprodukts wie Wein mitentscheiden will, muss diese Natur vor Ort auch kennen, muss sie miterleben. Wenn nur über Bodenanalysen und Wetterdaten Weine gemacht werden, ist das Ergebnis eindeutig: Wein vom Reißbrett, tadellos – aber auch langweilig oder sogar banal.

WAS MACHT IHRER MEINUNG NACH EINEN GUTEN SOMMELIER AUS? WO GIBT ES NOCH NACHHOLBEDARF?

———— **JOACHIM HEGER**: Was einen Sommelier ausmacht, ist nicht nur, ob er einen Wein erkennt. Seine Aufgabe ist es, dem Gast einen guten Abend zu bescheren. Natür-lich muss er über Wein Bescheid wissen, aber er muss auch höflich, freundlich, nett sein.
Und noch was: Ich habe als Gast sehr gerne das Gefühl, dass ich bei der Entscheidungsfindung, welchen Wein wir trinken, dabei bin. Ja, auch das ist die Kunst des Sommeliers, dass er das schafft. Es gibt einige, die das hervor-ragend können, die sind aber natürlich über viele, viele Jahre am Gast tätig und beherrschen ihr Metier meisterlich. Ein gewonne-ner Wettbewerb ist vielleicht das

Rüstzeug dafür, einen Sommelier bekannter zu machen. Dass er dadurch in seiner Arbeit unbedingt besser wird, glaube ich aber nicht. Danach verabschieden sich viele in den Handel oder ins Management.

_____ PAULA BOSCH: Wirkliche Spitzensommeliers sind bei uns in Deutschland nach wie vor nicht in der Überzahl. Aber dank einiger sehr guter und langjähriger Kollegen werden immer wieder junge Hoffnungsträger ausgebildet. Ein entscheidender Faktor ist dabei in jedem Fall die Zeit, denn in diesem Beruf ist Erfahrung, Erfahrung und nochmals Erfahrung alles. Die gute Ausbildung und die anschließende Praxis machen's. Man braucht viel Zeit und Gelegenheiten zum Probieren. Ein erstklassiger Sommelier wird man nur über eine gute Ausbildung, viel Fleiß, Talent und Jahre der Praxis.

KEINE EINTAGSFLIEGE, SONDERN EIN DAUERBRENNER: PAULA BOSCH UND BERNHARD OTT

Um ihren Horizont mit österreichischen Weinen zu erweitern, besuchte Paula Bosch 1994 die erste Weinmesse Österreichs in Wien, die VieVinum. Das war Neuland und hatte etwas von Goldgräberstimmung für sie, angestachelt von ihrer Neugier und dem Ehrgeiz, immer die Erste zu sein, etwas Besonderes zu entdecken. Dass sie mehr als erfolgreich war, verdankte sie Herbert Kretschmers Tipp und seiner feinen Weinnase, denn er war es, der sie damals zu Bernhard Ott schickte, Österreichs „Mister Veltliner".

„Ich bin ein Veltliner", lautet denn auch der Leitspruch des Bio-Weinguts BERNHARD OTT in Feuersbrunn am Wagram. Sein Grüner Veltliner FASS 4, dessen erster Jahrgang 1993 gekeltert wurde, war Paula Boschs Entdeckung in Wien.

Seit dieser Zeit führt Bernhard Ott zusammen mit seiner Frau Maria auch das Weingut, das 2018 biologisch zertifiziert wurde. Die Reben wachsen auf Löss, werden gehegt und gepflegt, mit selbst hergestelltem Kompost gedüngt und schließlich mit Herzblut und hundertprozentiger Handarbeit abgeerntet. „Balance" lautet ein wichtiges Stichwort für die Ott'schen Weine, und das gilt für die Arbeit im Keller ebenso wie für das Zusammenspiel mit dem wichtigsten Partner des Winzers: der Natur.

„ICH BIN EIN VELT-
LINER", LAUTET
DER LEITSPRUCH
DES BIO-WEINGUTS
BERNHARD OTT IN
FEUERSBRUNN AM
WAGRAM.

_____ **PAULA BOSCH:** Als ich aus Düsseldorf nach München kam, hatte ich Österreichs Weinregionen so gut wie gar nicht auf dem Schirm. Die einzige Region, die ich besser kannte, war die Wachau, von der die Weinwelt überzeugt war, dass dort Österreichs beste Rieslinge und Grüne Veltliner produziert würden. Die Spitzenerzeuger standen auch auf unserer Karte im Tantris, aber diese galt es endlich zu ergänzen. Nur: mit welchen Weinen, und aus welchen Regionen?
In Wien machte mich am zweiten Tag der Messe OTTs Importeur aus Ulm auf die Weine aufmerksam. Vater Eduard und Sohn Bernhard überzeugten mich vollkommen mit ihrem Angebot, und das schon am frühen Vormittag. Der erstklassige, frische und genussvolle Veltliner aus Bernhards erstem Jahrgang 1993 begeisterte mich von Anfang an, und diese Freude wiederholte sich dann Jahr für Jahr. Das FASS 4 wurde auf dieser Messe zu meinem Favoriten.
Auf dem Weg zurück besuchte ich das Weingut und packte 120 Flaschen in den Kofferraum – zum damals sensationellen Gastropreis von etwa 6 DM. OTTs erster Wein in der Sternegastronomie war meine ganz persönliche Weinentdeckung, der Grüne Veltliner meines Lebens! Bernhard, seine Frau Maria und ich wurden Freunde, auch fürs Leben, denn aus der anfangs befürchteten Eintagsfliege aus Österreich ist ein Dauerbrenner geworden.

_____ **BERNHARD OTT:** Das hat mir damals sehr geholfen. In meinen ersten Jahren ging dank Paula Boschs Empfehlungen jede zweite Flasche nach Deutschland. Das tatsächliche Geheimnis des FASS 4 habe ich erst kürzlich entdeckt. Wir hatten in diesem Veltliner immer die Kombination zweier Weinberge: Einer lag im benachbarten Kamptal, der andere bei uns ums Eck im Wagram. Die Verbindung des kalkigen Lössbodens mit dem Urgestein war vermutlich das Geheimnis unseres Grünen Veltliners FASS 4, der Clou, der diesen Wein so einzigartig gemacht hat. Einen anderen Wein als Vergleich gab es nicht. Ich habe geschmeckt, dass sich diese unterschiedlichen Weinlagen zusammen prächtig präsentieren, wusste aber lange nicht, warum. Paula hat dieses Geheimnis schon in meinem ersten Jahrgang geschmeckt. Darüber hinaus habe ich in Sachen Wein im Tantris viel mehr gelernt als anderswo, auch welche großen Weine es in Frankreich gibt. Die Weine der Wachau zählten dagegen nie zu meinen Vorbildern, nie. Das kann ich mit ruhigem Gewissen sagen.

SEIT DIESER ZEIT SIND FAST 30 JAHRE VERGANGEN, UND ES HAT SICH EINIGES GETAN IN DER WEINWELT, AUCH BEI DER WEINBEREITUNG. ES WURDE UND WIRD VIEL EXPERIMENTIERT. WIE STEHEN SIE ZU NEUEN HERSTELLUNGSMETHODEN?

_____ **BERNHARD OTT:** Grundsätzlich bin ich für vieles offen. Für mich gibt es oder gab es nie Grenzen im Kopf, und ich habe ja auch einiges ausprobiert. Experimente sind auch wichtig für die Weiterentwicklung. Oftmals kommt man auf Umwegen wieder an den Anfang zurück und bemerkt, dass neue Methoden nicht immer erfolgreich sind. Aber das sind wichtige Erfahrungen, die man machen muss. Ich lege jungen Winzern auch ans Herz, nicht immer nur auf ausgetretenen Pfaden zu wandeln, sondern auch einmal Neues zu wagen. Manchmal gehen Experimente auch schief, doch solche Erfahrungen gehören zum Winzerleben dazu.
Allerdings muss man nicht jeden Trend und jede neue Methode mitmachen. Man muss auch

Rücksicht auf die Rebsorte, die Lage und so weiter nehmen.
_____ **PAULA BOSCH:** Sein Ziel hat Ott über die Jahre etappenweise immer angepasst, hat es aber auch nie aus den Augen verloren. Er probierte ohne Pause alles, was es gab, bereiste mit seinem besten Freund Hans Reisetbauer die ganze nennenswerte Weinwelt, war neugierig und offen für alles. Was er logisch, sehr gut und erstrebenswert fand, wurde ausprobiert, so wie das Experiment mit dem QUEVRE oder seit ein paar Jahren mit den allerfeinsten Holzfässern von der österreichischen Manufaktur Stockinger.

THEMA MAISCHEGÄRUNG BEI WEISSWEINEN: WAS HALTEN SIE DAVON?

_____ **BERNHARD OTT:** Die Vergärung der Trauben auf der Maische ist die älteste Art des Weinmachens. Im Zuge der Umstellung auf die Biodynamie habe ich auch mehrere Jahre unseren Grünen Veltliner QVEVRE maischevergoren in Tonamphoren ausgebaut. Das war zu einer Zeit, wo bei uns noch niemand an Orange Wine oder Natural Wine bei Veltliner gedacht hat. Das Ergebnis war aber kein Grund, um zu polarisieren. Ich wollte einfach wissen: Wie schmeckt mein Weinberg,

wenn ich mich im Keller komplett ausblende? Das brachte mir wertvolle Erkenntnisse über unsere Rebsorte und inspirierte mich auch in der Folge zur aktuellen Vinifikationsmethode. Meine Erkenntnis aus dieser Zeit war, dass die Maischegärung den Terroirausdruck reduziert, insbesondere in Kombination mit einem oxidativen Ausbau.

Schlussendlich vinifizieren wir jetzt „back to he roots" wie vor 100 Jahren. Das heißt: Handernte, eine Maischestandzeit mit den Stielen, Korbpresse und Ausbau im großen Holzfass.

———— **PAULA BOSCH:** Das Thema Maischegärung bei Weißweinen wird in nächster Zeit sicher zu weiteren Erkenntnissen führen. Je nachdem, wie lange man einmaischt, welche Rebsorten verwendet werden und von welchen Böden sie stammen, führt dieser Prozess zu differenzierten Ergebnissen. In Summe präsentieren sich die Weine jedenfalls im Geschmack reicher, egal ob mit oder ohne oxidative Töne. Am Ende ist das Ergebnis wichtiger als die Frage, wie man dazu gekommen ist.

GROSSE HOLZFÄSSER SIND MITTLERWEILE EIN MARKENZEICHEN FÜR DIE LAGENWEINE IM HAUSE OTT. FRÜHER WURDEN DIESE NICHT VERWENDET – WOHER KOMMT DER SINNESWANDEL?

———— **BERNHARD OTT:** Nach mehr als zehn Jahren biodynamischer Bewirtschaftung war eine Individualisierung der einzelnen Weinberge immer mehr spürbar – meine Veltliner-Reben und vor allem ich waren bereit für den nächsten Schritt. Auch die Erkenntnis, dass sich Veltliner in der großen Welt der Weißweine behaupten konnte, war mit ein Grund, in diese Richtung zu gehen. Durch meine Reisen und Verkostungen internationaler Weine habe ich gesehen, dass große Weißweine in großen Holzfässern ausgebaut werden. Mit dem Einsatz dieser Fässer will ich den Geschmack des Veltliners unterstützen, keinesfalls verändern. Große Holzfässer hatten im Weingut schon immer Tradition, jetzt habe ich sie wieder aufgegriffen und bin sehr froh darüber.

———— **PAULA BOSCH:** Wer glaubt, dass Holz den Charakter eines Weins immer so stark prägt, dass seine feinen Nuancen negativ beeinflusst oder gar überdeckt werden, denkt viel zu pauschal und verallgemeinernd. Das Gleiche könnte man umgekehrt für den Ausbau in Edelstahl behaupten. Ein gut gebautes, lange gelagertes Holzfass unterstützt nach meinen Erfahrungen einen großen Wein eher, als dass es ihn maskiert. Ein Fass braucht Jahre der Reife und

Pflege. Wer die Kunst beherrscht, es richtig einzusetzen, wird stets Qualitäten erreichen, die jedem Vergleich mit der Edelstahlvariante standhalten, meistens übertreffen.

IST BIODYNAMIE DER GRADMESSER FÜR BESSERE QUALITÄT?

_____ **BERNHARD OTT**: Ganz sicher, Biodynamie ist ein Riesenthema. Das hat mit der Balance zu tun, die wir im Rebgarten gefunden haben, mit dem richtigen Zeitpunkt, vom Rebschnitt bis zum Kompost. Wenn ich Trauben habe, die voll balanciert sind, muss ich mich weniger um das Ergebnis sorgen. Vielleicht gibt es da mal einen Weg, wo man mit sehr wenig Schwefel auskommen kann oder sogar ganz ohne. Derzeit sehe ich die Weingärten als Mittelpunkt, während wir im Keller, der Tradition geschuldet, demütig sind und dem Wein Zeit geben. Zeit ist ein wichtiger Faktor. Wir lassen unsere Topweine bis zu zwei Winter auf der Vollhefe in der Vergärung. Und das sind Fakten, die sich natürlich auch auf eine mögliche Weiterentwicklung der Weine auswirken.

_____ **PAULA BOSCH**: An einer biologischen oder biodynamischen Herstellungsweise kommt früher oder später kein Weinbauer und kein Landwirt mehr vorbei. Das muss uns allen klar sein. Zurück zu den Wurzeln, weniger ist mehr: Damit ist schnell viel erreicht. Von weltweiter Akzeptanz sind wir allerdings noch weit entfernt. Konsequent verfolgt, wäre diese Herstellungsweise aber gut für Mensch und Umwelt, und für das Produkt Wein in jedem Fall ein Schritt in Richtung noch besserer Qualitäten.

IMMER MEHR WEINGÜTER ENGAGIEREN FLYING WINEMAKERS ZUR UNTERSTÜTZUNG. WIE SEHEN SIE DIESE ENTWICKLUNG?

_____ **BERNHARD OTT**: Ich halte von Flying Winemakers gar nichts. Meine Entscheidungen bei der Ernte, meine ganze Arbeit ist das Abrufen eines Jahresspeichers. Ich kann selbst einschätzen, ob das Jahr okay war oder nicht. Da brauche ich niemanden, der daherkommt und mir sagt, was ich machen muss. So, wie wir mit unserer Biodynamie arbeiten, brauchen wir das nicht.

UNSER FLYING WINEMAKER IST DIE NATUR.

Wir wollen Weine machen, bei denen es um Emotion, um Herz

und Liebe, um Geschmack und Genuss geht und nicht um Punkte, Gläser oder was auch immer, die als Gradmesser für Qualität stehen.
_____ **PAULA BOSCH**: Flying Winemakers machen grundsätzlich sicher nicht alles falsch. Ja, sie stehen im Ruf, rund um den Globus nach der gleichen Prozedur Weine zu machen, doch das muss nicht so sein. Es gibt auch positive Seiten. Nicht jeder, der das Geld für ein Weingut hat, kann auch Wein machen. Wenn der nun einen weltweit tätigen Weinmacher engagiert und ihn unkontrolliert drauflosmachen lässt, wird wahrscheinlich nur ein weiterer Wein entstehen, den die Welt nicht braucht. Wer aber diesen Leuten Kontra geben kann und sich selbst einbringt, wer Ergebnisse verlangt und kontrolliert, hat über das Jahr von einem Winemaker dieser Art gelernt, dafür bezahlt – und macht irgendwann seinen eigenen Wein.

HABEN SIE EINEN WUNSCH AN DIEJENIGEN, DIE WEINE AN DEN ENDVERBRAUCHER VERKAUFEN? SEI ES DER HANDEL, DER SOMMELIER ODER DIE GASTRONOMIE?

_____ **BERNHARD OTT**: Ich möchte, dass die Personen, die den Wein verkaufen, unsere Idee mittragen. Die Liebe, die Winzer den Reben entgegenbringen, und der Respekt

zum Handwerk sollten auch beim Endverbraucher ankommen. Ich würde mir wünschen, dass sich Verkäufer und Konsumenten mit unserem Produkt wirklich beschäftigen – im besten Fall wird die Neugier so groß, dass sie uns besuchen, um mehr über uns und unsere Philosophie zu erfahren.
_____ **PAULA BOSCH**: Gute und sehr gute Weine zu produzieren ist eine große Herausforderung, das gilt auch für einen guten Vertrieb. Wer hier nicht den richtigen Weg für seine Produkte findet, braucht erst gar nicht anzufangen. Das kann man lernen, oder man holt sich die entsprechenden Leute dazu. Ein gutes Konzept für den Verkauf ist genauso bedeutend wie die richtigen Partner in der Abnahme.

IN BORDEAUX FING ALLES AN: PAULA BOSCH MIT STEPHAN ATTMANN

Will man den Wein-Crack, Winzer und passionierten Weinliebhaber Stephan Attmann treffen, dann macht man am besten einen Abstecher in die Pfalz nach Deidesheim, eine der schönsten Weingemeinden Deutschlands. Der studierte Betriebswirtschaftler verwirklichte seinen Wunsch, mit Wein zu arbeiten, zunächst im Weinimport und -versand bei Extraprima in Mannheim. Danach machte er eine Winzerlehre bei Joachim Heger, führte als Betriebsleiter das Weingut Dr. Simon an der Saar und übernahm Ende 2007 die Leitung im Weingut Dr. Deinhard, das er in „Von Winning" umfirmierte und binnen weniger Jahre in den Kreis der Premiumweinerzeuger in Deutschland führte. Das Gut kann auf eine über 170-jährige Geschichte zurückblicken; es besitzt beste Lagen in der Pfalz, die zu 85 Prozent mit Riesling bepflanzt sind. Mit Herzblut und Leidenschaft wacht Stephan Attmann zusammen mit seinem hervorragenden Team akribisch über die rund 80 Hektar Rebfläche.

SIE HABEN SICH VOR VIELEN JAHREN DAFÜR ENTSCHIEDEN, IN DER WEINBRANCHE ZU ARBEITEN. WAS WAREN IHRE BEWEGGRÜNDE DAFÜR?

_____ **STEPHAN ATTMANN**: Ich wollte das machen, was mir am meisten am Herzen lag, sowohl privat wie beruflich. Und das war alles rund um das Thema Wein. Auch Handel oder Gastronomie wären möglich gewesen. Als ich von Achim Niederberger, dem verstorbenen Inhaber des Weinguts Von Winning, dann gefragt wurde, ob wir ein Weingut mit einem Restaurant machen sollen, habe ich sofort Ja gesagt, trotz der Arbeitszeiten, die uns dort erwarteten …

_____ **PAULA BOSCH**: Na ja, von unserem Zeiteinsatz damals gibt es wenig Amüsantes zu berichten.

WIR HÄTTEN IM VERGLEICH ZU DEN HEUTIGEN ANFORDERUNGEN UNSER ARBEITSPENSUM SCHON AM MITTWOCH ERLEDIGT GEHABT.

DIE LIEBE ZUM WEIN UND ZUR GASTRONOMIE VERBINDET SIE ALSO. WELCHE WEINERLEBNISSE TEILEN STEPHAN ATTMANN UND PAULA BOSCH ANSONSTEN NOCH?

_____ **PAULA BOSCH**: In unserer langjährigen Bekanntschaft sind wir regelmäßig zusammen nach Bordeaux gereist. Zum ersten Mal brachen wir im Frühling 2002 zu den Primeur-Verkostungen ins Bordelais auf, zusammen mit Thomas Boxberger, dem erfahrensten Tester Deutschlands in Sachen junger Bordeaux. Es war für mich eine besondere Ehre, weil Sommeliers normalerweise nicht zu diesen Fassproben eingeladen werden. Bei den

ATTMANN WAR
NATÜRLICH NICHT
DER EINZIGE WINZER
IN DEUTSCHLAND,
DER SEINE WEINE
VOR 20 JAHREN
IM NEUEN HOLZ-
FASS AUSGEBAUT
HAT. ABER MIT DER
REBSORTE RIESLING
WAR ER FÜR MICH
DER ÜBERZEU-
GENDSTE TÄTER.

großen Tastings auf den Weingütern tummelt sich die ganze Welt der schreibenden Weinzunft, große Einkäufer und Händler (Negociants). Neben der Möglichkeit, die Weine des neuen Jahrgangs aller namhaften Châteaux zu verkosten, hatte man Gelegenheit, internationale Kontakte in der Weinbranche und zur Presse weltweit zu knüpfen. So konnte ich mir ein enormes Fachwissen über die Weine und die Region erarbeiten. Ich fühlte mich dort wie zu Hause – obwohl ich die Sprache nie richtig gelernt habe.

_____ **STEPHAN ATTMANN**: Ich muss dazu sagen, dass wir in etlichen Châteaux mit Handkuss begrüßt wurden, weil Paula dabei war. Man erkannte sie, das hat mich damals schon überrascht. Boxberger meinte: „Paula ist eben weltbekannt." Und viele Château-Besitzer haben sie wirklich mit Brimborium empfangen.

ZURÜCK NACH DEIDESHEIM: DAS WEINGUT VON WINNING HAT SCHON VOR MEHR ALS 20 JAHREN SEINE BESTEN RIESLINGE IM HOLZFASS AUSGEBAUT. ZIEMLICH REVOLUTIONÄR?

_____ **STEPHAN ATTMANN**: Der Stahltank kam erst in den 1970er-, verstärkt in den 1980er-Jahren in Mode. Deswegen ist Holz per se mal das Traditionellste, was es

gibt, und nicht Avantgarde oder außergewöhnlich.

„RIESLING KOMMT AUS DEM EDELSTAHLTANK" – DIESE AUSSAGE IST HISTORISCH VÖLLIGER UNSINN.

Ich hatte das Bild von im Holz ausgebauten Weinen im Kopf und durfte diese Inspiration mit einbringen. Es sind ja genau diese Weine, die einen charismatischen Wiedererkennungswert haben durch unsere Handschrift. Und wenn einer im Internet über solche Weine schimpft, aber 20 Leute mögen sie, dann steht es schon mal 20:1 für uns!

Ich mag Ausgeglichenheit und Balance, und unsere Weine erreichen sie gerade durch den Ausbau im Holz, trotz aller charismatischen Auffälligkeiten und der besonderen Saftigkeit, die sie auszeichnen. Die Von-Winning-Weine sind aromatisch, würzig und dabei unheimlich trinkig. Gilt das nicht auch für die großen Namen, für Château Latour, Romanée-Conti oder wen auch immer? Sie trinken sich wie von allein. Diesen Anspruch habe ich auch an meine Weine.

_____ **PAULA BOSCH**: Das ist das große Geheimnis der Von-Winning-Weine, deshalb fülle ich meine Kellerregale damit. Stephan Attmann war natürlich nicht der einzige Winzer in Deutschland, der seine Weine vor 20 Jahren im neuen Holzfass ausgebaut hat. Aber mit der Rebsorte Riesling war er für mich der überzeugendste Täter. Ich erinnere mich noch genau, wie er sich für weißen Bordeaux und Burgunder begeistern konnte, Weine, die im Holz perfekt verarbeitet waren – makellos eingebunden, großartig in ihrer Balance. Harmonie und Balance, das waren ja auch seine Lieblingsworte in Bezug auf Wein.

BEI NATURAL WINE, ARTISAN WINE ODER ORANGE WINE WIRD IN DER REGEL ANGEMERKT, DASS ER GANZ OHNE SCHWEFEL PRODUZIERT WIRD. SIE ERZEUGEN BISLANG TRADITIONELLE WEINE. SEHEN SIE IN ZUKUNFT MAL EINEN MODEWEIN IN IHREN KELLERN?

_____ **STEPHAN ATTMANN**: Müssen wir nicht machen. Wir haben doch beste Lagen wie Pechstein, Kirchenstück, Ungeheuer und viele mehr. Zusammen mit ein paar Kollegen besitzen wir hier in der Pfalz die besten Rieslinglagen der Welt und sind in einem der großartigsten Orte der Weinwelt ansässig.

Ich muss weder konservativ altbacken sein, noch muss ich jedes Jahr das Rad neu erfinden. Wir praktizieren sehr nachhaltigen Weinbau und suchen unseren Weg in der Biodynamie, auch wenn wir nicht zertifiziert sind. Wir machen unsere eigenen Tees, Kuhmist und so weiter. Mit dem Holzfassausbau für Riesling waren wir damals Avantgarde, aber wir sind überhaupt nicht auf der Suche nach der neuesten Mode.

WER WEIN MACHEN WILL, WIE WIR IHN JETZT SEIT 1000 JAHREN KENNEN, KANN AUF SCHWEFEL NICHT GANZ VERZICHTEN.

Der ist zum Konservieren notwendig. Die alten Griechen verwendeten dafür Harz, wie auch heute noch im Retsina. Wenn man darauf verzichtet, ist da halt Action im Glas, da bleibt der Wein trüb. Das kann man mögen, das ist völlig in Ordnung. Mir schmecken die nicht. Wir machen Wein mit minimalstem Schwefel, weil er dadurch stabil und langlebig bleibt.
_____ **PAULA BOSCH**: Das ist eine pikante Thematik: moderne Weine,

die eigentlich aus der Tradition von früher kommen, als es noch gar keinen zusätzlichen Schwefel gegeben hat. Nach meinem Wissen kommen die meisten völlig ungeschwefelten Weine aus der Orange- und Natural-Weinszene. Viele werden inzwischen auch mit winzigen Schwefelgaben ergänzt, was wahrscheinlich sinvoll ist – dann sind sie aber schon nicht mehr konsequent „natürlich". Das wird leider nicht erwähnt. Wein ist per Gesetz kein Lebensmittel, deshalb gelten für ihn andere Regeln. Eine Gemeinsamkeit haben sie aber alle: Man trinkt sie mit mehr Aufmerksamkeit, wenn auch ein gewisser Trinkfluss fehlt.

NOCH EINMAL ZURÜCK ZU IHRER PERSÖNLICHEN VERBINDUNG: WAS SCHÄTZEN SIE AN PAULA BOSCH UND WAS STÖRT SIE?

———— **STEPHAN ATTMANN:** Ganz klar: Paula Bosch hat einen untrüglichen, unbestechlichen Instinkt für Qualität und Größe von Weinen. Ganz unabhängig vom Preis. Qualität ist keine Frage des Geschmacks.
Ich kann sagen: Der Wein schmeckt mir nicht, aber er hat eine ganz große Qualität. Dann erkenne ich diesen Wein in seinem Umfeld, in seinem kulturellen und stilistischen Kontext

an, selbst wenn er mir persönlich nicht schmeckt. Er ist die traditionelle Interpretation dieses Winzers von diesem Terroir und hat unbestreitbar große Qualität. So etwas kann Paula erkennen, anders als viele, die mit ihrer persönlichen Meinung an die Öffentlichkeit treten.
Andererseits hat sie auch schon oft eine Einschätzung rausgehauen und mich dabei in den Senkel gestellt. Das ist zwar groß, stört aber auch manchmal. Sich auf erfolgreiche Weine zu stürzen und sie zu kritisieren, trauen sich viel mehr Personen, als einen wirklich dürftigen, dünnen Wein bei Ross und Reiter zu nennen. Das Rückgrat dazu, das zu sagen, hat Paula.

———— **PAULA BOSCH:** Es ist nicht leicht, Ross und Reiter zu nennen. Wenn man Menschen, die man nicht kennt, die Meinung sagt, muss man unbedingt sachlich bleiben. Kritik äußere ich klar und deutlich, will sie aber als Hinweis und Hilfestellung für den Wein verstanden wissen. Vielleicht erkennt ein Produzent dadurch etwas, was er selbst bislang nicht bemerkt hat? Solche Hinweise wünsche ich mir schon lange von der Fachpresse, vor allem auch im Vergleich, in Bezug auf die Preise. Natürlich spielt der Ton dabei eine bedeutende Rolle.

PAULA
BOSCH
ÜBER ...

WEINE IM SUPERMARKT

Grundsätzlich hat sich der Handel mit Wein vom Hersteller bis zum Kunden um einige Quellen erweitert. Dabei profitierte der Onlinefachhandel in den letzten Jahren deutlich von den Einschränkungen durch Covid. Anbieter wie Aldi, Lidl, Edeka und Co. haben in der Regel ein ganz anderes Angebot als der Fachhandel, es tauchen dort aber immer wieder auch Weine von erstklassigen Erzeugern auf. Diese Weingüter stehen dann in der Kritik, weil ihre Weine in den Regalen von Discountern oder Supermärkten fehl am Platz scheinen. Ich mache mir deshalb keine Gedanken – meinetwegen soll jeder verkaufen, wie und wo er will. Wer sich wegen einer falschen Preis- und Qualitätspolitik bei seinen Kunden in Misskredit bringt, hat sich das selbst zuzuschreiben. Der Kunde sollte doch selbst erkennen können, dass in diesen Flaschen niemals die gleich hohe Qualität stecken kann wie in jenen, die das Weingut als Erzeugerabfüllung verkauft. Wenn der Name des Herstellers für gute Weine bekannt ist, wird er auch nicht Schaden nehmen, wenn er eine geringere Qualität im Supermarkt anbietet. Nur das Zauberwort „vom Erzeuger abgefüllt" verspricht die echte Herkunft unter dem Etikett. Die kostengünstigen Sondereditionen für den Markt X oder Y kommen zustande, weil in der Regel weder die Trauben noch der Wein vom Weingut selbst stammen.

Der Hersteller steht aber dennoch für die Qualität, schließlich wird der Wein unter seinem Namen verkauft. Selbst in Frankreich, wo zur Weihnachtszeit Weine berühmter Erzeuger und Châteaux im Supermarkt angeboten werden, findet man in der Regel nur Abfüllungen aus kleinen Jahrgängen und/oder geringeren Lagen oder mit einem anderen Hintergrund für verminderte Qualität. Große Weine finden Sie im Supermarkt sehr selten günstiger als im Fachhandel – wenn überhaupt.

_____ **ORANGE WINE, VIN NATURE**
Beide Weinstile haben ihren Nischenmarkt, und das auch zu Recht. Diese, ich nenne sie mal Alternativweine, haben längst ihre Fans, und gerade die Orange Wines wurden in den letzten Jahren auch immer besser, trinkiger, weniger fehlerhaft. Ihr knallharter, kompromissloser Stil von einst – raue Gerbstoffe, minimale Schwefelung und die daraus resultierenden mostigen Aromen und der geringe Trinkfluss – wurde ver-

mutlich deshalb gebändigt, weil er nur bei einem kleinen Kreis von Interessierten Chancen hatte. Hier haben die Produzenten nicht nur dazugelernt, sondern sind mit ihren Angeboten auf die Nachfrage eingegangen. In Istrien, wo es schon viel länger eine Orange-Wine-Szene gibt als bei uns, wurde mit großem Erfolg eine dezente Stilveränderung vorgenommen, die auch höhere Umsätze brachte. In Frankreich, speziell in Paris, gibt es sehr viele Weinbars, die ausschließlich diese Weine anbieten, und die eigens dafür initiierte Messe RAW WINE ist inzwischen auch in Berlin sehr erfolgreich.

Vin Nature, auch Vin Naturel, Natural Wine oder einfach Naturwein genannt, ist heute für einen Großteil der Weinfans eine Selbstverständlichkeit. Ebenso wie bei der sorgfältigen Herstellung von Lebensmitteln ist es auch im Weinberg eine Frage der Einstellung und Philosophie des Erzeugers, wie schonend er mit der Umwelt, seinem naturgegebenen Element Weinberg und seinen Reben umgeht. Für mich ist es schon seit Jahrzehnten wichtig, beim Weingenuss auf Bekömmlichkeit zu achten, und ich habe festgestellt, dass es für viele Weinerzeuger eine Selbstverständlichkeit ist, auf schonende Weise zu produzieren. Sie vermerken das nicht groß auf ihren Etiketten, sind es aber gewohnt, sich nach dem Stand der Natur und dem Sternenkalender zu richten, auch ohne biozertifiziert zu sein – sehr oft übrigens, weil ihnen die Vorschriften der Bio-Weinverbände nicht gefallen oder die verlangten Beiträge schlicht zu hoch sind oder sie kein Kupfer einsetzen wollen. Viele verzichten beim Pflanzenschutz auf Herbizide, Pestizide und andere chemische Spritzmittel oder reduzieren sie auf ein Minimum – und das merkt man im Glas.

Ich meine, dass man diese Gruppe nicht über einen Kamm scheren und pauschal als „konventionelle Winzer" abtun kann. Seien wir doch mal ehrlich: Schwarze Schafe gibt es überall.

ALTERNATIVE FLASCHENVERSCHLÜSSE

Nach den anfänglichen Qualitätsmängeln vieler Schraubverschlüsse – manche waren einfach zu billig – hat sich dieser Verschluss auch in Deutschland und Österreich etabliert. Es gibt mittlerweile sehr gute Qualitäten, echte High-End-Produkte. In Frankreich, Italien oder Spanien haben sich Schraubverschlüsse dagegen nicht annähernd so gut durch-

gesetzt. Trotz verbesserter Qualität sind sie bei hochwertigen Weinen nur bedingt verwendbar, insbesondere bei solchen, die ein längeres Flaschenlager zur Reife benötigen. Ohne hier zu sehr auf technische Details einzugehen: Große Weine, die über Jahre im Keller reifen, entwickeln sich auch unter besten Schraubverschlüssen oder Glasstopfen niemals so positiv wie Weine, die mit hochwertigen Korken verschlossen sind. Korkverschlüsse führen nach Erfahrung der Winzer zu einer ganz anderen Vitalität, Spannung und Geschmacksvielfalt in der Entwicklung. Deshalb kommen neuerdings nicht nur für Rotweine, sondern auch für hochwertige Weiße wieder Korken bester Qualität zum Einsatz. Es gibt sie ja inzwischen wirklich, nur leider sind sie wesentlich teurer geworden.

FRAUEN RIECHEN UND SCHMECKEN ANDERS ALS MÄNNER

Kein neues Thema, aber dennoch taucht diese Frage immer und immer wieder auf. Ja, Frauen riechen und schmecken anders als Männer. Eine Erklärung dafür gibt die Anatomie selbst, denn Frauen haben laut einiger Studien deutlich mehr Nervenzellen im Riechkolben ihres Gehirns als Männer – so auch das wissenschaftliche Fachblatt „Plos One". Dass Frauen bei Riech- und Schmeckprozessen eindeutig erfolgreicher sind, wird auch auf ihr unterschiedliches Volumen der Nasenhöhle zurückgeführt. Allerdings ist laut Studien von Frasnelli et al. auch bekannt, dass Frauen olfaktorische Reize intensiver bewerten als Männer. Die HNO-Klinik der Universität Dresden hat dazu Studien aus Forschungsprojekten veröffentlicht. Linda Bartoshuk, Professorin der University of Florida, hat in ihren jahrzehntelangen Studien zum Thema Schmecken erkannt, dass es weltweit große Unterschiede gibt – allerdings bei beiden Geschlechtern. Sie hat eine Einteilung in die Gruppen „Superschmecker", „Normalschmecker" und „Nichtschmecker" vorgenommen. Die Superschmecker haben nach ihren Erkenntnissen ein speziell ausgeprägtes Gen und deutlich mehr Geschmackszellen auf der Zungenoberfläche.

Trotz all dieser Forschungen sind viele Vorurteile zum femininen Weingenuss bis heute nicht ausgemerzt:

× Frauen mögen eher lieblichen Wein.
× Sie trinken lieber Weiß- als Rotwein.
× Wenn sie Rotwein trinken, dann leichten mit wenig Gerbstoff.
× Frauen lieben Champagner viel mehr als die Herren der Schöpfung.

Nach meinen Erfahrungen ist das alles Unsinn!

× Viel weniger Frauen als Männer mögen liebliche Weine. Zu den Desserts bestellten in erster Linie die Herren die Süßweine.
× Von wegen leichte Rotweine! Auf meine regelmäßige Nachfrage am Tisch, ob der Rote denn leicht mit eher weniger Gerbstoff sein soll, folgte mit verdutztem Blick die Frage: Wieso das denn?
× Bei Champagner weise ich darauf hin, dass für Frauen der Genuss eher eine Frage der Tageszeit ist, während die Herren, speziell in der Gastronomie, rund um die Uhr Champagner lieben.

DER WANDEL IM HANDEL – WEIN KAUFEN MIT DEN PROFIS

WEINKAUF, ODER DIE KUNST, SICH EINE MEINUNG ZU BILDEN

_____ Es ist eine Frage, die mir natürlich immer wieder gestellt wird: „Frau Bosch, wo kaufen Sie denn ihren Wein ein?" Diese Frage lässt sich nicht in einem Satz beantworten, es ist ein hoch spannendes Thema – und für einen Sommelier, neben dem Verkosten, auch eine der wichtigsten Aufgaben. Es gibt beim Einkauf einige Stolpersteine, die leicht übersehen werden. Wenn man sie aber erkennt und darauf achtet, sie zu vermeiden, wird der Einkauf fast sicher zum Erfolg.

_____ Sich nicht selbst eine Meinung zu bilden, ist wahrscheinlich einer der größten Fehler, die man hier machen kann. Beim Weinkauf nur nachzuplappern, was andere sagen, und ausschließlich auf Punktebewertungen oder dergleichen zu setzen kann zu spektakulären (und teuren!) Fehlkäufen führen.

MAN KANN WEIN VIELLEICHT BLIND VERKOSTEN – ABER BLIND AUF EINE EMPFEHLUNG ZU SETZEN IST RISKANT.

_____ Ein weiterer Fehler ist, vorschnell zu entscheiden. Man verschmäht oder verherrlicht Weine aus dem Affekt heraus und bereut es hinterher. Es ist auch unklug, dem Wein keine Chance zu geben. Manchmal muss man warten können, bis eine Flasche ihre wahre Natur zeigt. Vielleicht hatte man den ersten Schluck in einem falschen Moment probiert. Die Bedingungen waren nicht ideal oder andere Störfaktoren haben den Geschmack beeinflusst. Um das herauszufinden, unterwerfe ich den Wein gern einer Art Stresstest.

BEI MIR HAT EIN VERMEINTLICH SCHLECHTER WEIN KEIN LEICHTES LEBEN, ABER ICH GEBE IHN AUCH NICHT VORSCHNELL AUF.

Ich lasse die geöffnete Flasche bei Zimmertemperatur in der Küche stehen bis zum nächsten Tag. Oder zum übernächsten oder einem darauffolgenden. Danach probiere ich wieder. Hat sich etwas verbessert, verfrachte ich die Flasche in den Kühlschrank oder auf den kühlen Balkon. Dort lasse ich sie eine Zeit lang ruhen und probiere dann erneut. Dabei können die erstaunlichsten Dinge passieren. Manche Weine werden viel besser, andere kann ich früh entsorgen, und hin und wieder gibt es Überraschungen der ganz besonders positiven Art, wenn ich sie ein drittes oder viertes Mal verkoste.

_____ Es ist doch beim Wein wie bei Menschen auch: Wenn man sie zu bestimmten Dingen zwingt, die ihnen zunächst widerstreben, erkennt man ihre wahre Natur. Wenn man jemanden an seine Grenzen bringt, und der übersteht das, spürt man: Das ist ein Guter, der schafft so was. Und so mache ich das mit den Weinen. Meine Studien haben teilweise erstaunliche Ergebnisse gebracht. „Donnerwetter", habe ich nicht selten gedacht. Weine, die ich anfangs absolut nicht mochte, haben sich positiv entwickelt, und wenn ich meine erste fehlerhafte Einstufung nicht überprüft hätte, wären sie für mich verloren gewesen. Aber natürlich entpuppten sich auch Blendwerke, ganz besonders feinduftig aufgemotzte Schönlinge, als Flop in der Flasche, bei der das Etikett mehr versprach, als der Inhalt halten konnte.

DER WEINHÄNDLER ALS „PARTNER IN CRIME"

_____ Natürlich kann nicht jeder solche Studien anstellen. Auch wir Profis müssen uns, wie die Endverbraucher, auf das Urteil und Einkaufsgespür des Fachhandels verlassen können. Für einen Sommelier ist die Zusammenarbeit mit den Weinhändlern von größter Bedeutung. Dabei hatte meine Beziehung zu ihnen auch immer etwas von einem Spiel.

FÜR MICH WAREN IMPORTEURE IN ALL DEN JAHREN OFT WIE FISCHE AN DER ANGEL: BEKAM ICH, WAS ICH WOLLTE, WURDEN SIE INS WASSER ZURÜCKGELASSEN. ABER WENN SIE NICHT BRAV WAREN, KAMEN SIE IN DIE PFANNE.

Dieses Spiel hat den Händlern natürlich nicht immer gefallen. Aber es hat ihnen Respekt vor mir eingeflößt. Dabei kann ich mit gutem Gewissen behaupten, immer fair gewesen zu sein. Ich habe die Persönlichkeiten respektiert und niemals jemanden betrogen; ich habe niemandem falsche Hoffnungen oder Versprechungen gemacht. Stets habe ich alle Weine probiert, die ich zugesagt hatte, und wenn ich nicht kaufen wollte, habe ich das auch offen und ehrlich kommuniziert.

_____ Nach über 40 Jahren Berufserfahrung kann ich sagen: Die Zusammenarbeit mit einem Weinhändler – mit einem guten Weinhändler! – ist für einen Sommelier Gold wert. Importeure können für uns Türen öffnen, zu denen wir selbst keinen Zugang haben. Ein Weinhändler ist ein Mittelsmann, der durch seine Kontakte zu den Produzenten Verbindungen ermöglicht. Oft spricht er die Landessprache und kennt sich mit den Gepflogenheiten vor Ort aus. Viele Händler sind bestens vertraut mit den Regionen, aus denen sie ihre Weine beziehen, und haben enormes Wissen, das sie auch schnell und kompakt vermitteln können. Sie regeln bürokratische Angelegenheiten, Zollformalitäten oder Ausfuhrgenehmigungen, die für uns im Alltag zeitaufwendig und mühsam sein können. An bestimmte Weine würden wir Sommeliers gar nicht herankommen, wenn nicht ein Händler Vorarbeit leisten würde.

Es gibt nun mal Winzer, die gerne Exklusivverträge mit „ihren" Leuten schließen. Also kann die Zusammenarbeit nur von Vorteil für uns sein.

_____ Ich sehe auf der anderen Seite aber auch, dass sich Sommeliers keine Partner in Form von Weinhändlern ins Boot holen wollen und lieber solo agieren. Ich verstehe das durchaus – man will unabhängig bleiben oder versuchen, Kosten zu sparen. Manchmal spielen auch persönliche Gründe eine Rolle. Ich kann hier allerdings nur raten: Unterschätzt mir den Wert eines guten Händlers nicht, er kann unbezahlbar sein.

ALS WEINE NOCH WIE STAUBSAUGER ANGEPRIESEN WURDEN …

_____ Der Weinhandel hat sich enorm entwickelt. Viele, auch Vertreter im Außenhandel, hatten von Mitte der 1980er- bis Mitte der 1990er-Jahre wenig bis gar keine Ahnung von dem, was sie uns in ihren Flaschen so präsentierten. Ich sehe da Parallelen zur Politik. Heute ist man noch im Ressort Ernährung und Landwirtschaft tätig, morgen schon in der Verteidigung oder im Verkehrswesen. Wein wurde – nicht von allen, aber von der Mehrheit – angepriesen wie Staubsauger. „Der Wein ist trocken", wurde uns da gerne erzählt. Ein ebenso beliebter wie beliebiger Begriff, der geradezu inflationär verwendet wurde. „Der wird gerne getrunken", kam ebenfalls oft. Um Wein gut zu verkaufen, braucht es aber mehr: Man muss einen Wein beschreiben, bewerten und einschätzen können.

WENN JEMAND NICHT WUSSTE, WAS SACHE IST, HATTE ER BEI MIR KEINE CHANCE.

_____ Es geht aber noch darüber hinaus. Ein Weinhändler muss gut auftreten. Der erste Eindruck ist hier das A und O. Von der Garderobe bis zu den Höflichkeitsformen, von seiner Bildung bis zum Fachwissen muss alles stimmen. Er muss Form und Stil haben und auch die Regeln des Anstands kennen. Wenn einer zu mir ins Tantris kam, sollte er sich schon darüber im Klaren sein, bei wem er den Antrittsbesuch machte.

_____ Wer schlau war, reservierte im Restaurant einen Platz, nahm einen kleinen Lunch ein, beobachtete alles und las aufmerksam die Weinkarte. Wer sich so auf das Verkaufsgespräch vorbereitete, war schon zwei Schritte weiter. Er näherte sich mir auf Augenhöhe, erkannte die Grenzen auf beiden Seiten und war sich auch der Tatsache bewusst, dass ich nicht nur die Goldeselin darstellte, die große Umsätze bescherte.

WAS MACHT DER SCHNAPSBRENNER IM TANTRIS?

_____ Nein, ich war nicht immer nett zu allen, aber ich hatte auch immens viel zu tun, da kam nicht jeder unangemeldet hereinspazierende Händler oder Produzent gelegen. Ein Lied davon singen kann der österreichische Schnapsbrenner Hans Reisetbauer, der spontan zu mir kam, um seine Produkte vorzustellen. Er wusste wohl sehr genau, dass er sich in die Höhle der Löwin begab. Was er aber nicht wissen konnte: Wir hatten im Tantris bereits Spirituosen vom Allerfeinsten, vom hundertjährigen Armagnac bis zum außergewöhnlichen Zwetschgenbrand. Der damalige Restaurantchef Peter Kluge hatte ein Faible für Hochprozentiges.

_____ Nun war im Lauf der Jahre aber die Nachfrage stark zurückgegangen. Was sollte ich also mit einem qualitätsfanatischen Schnapsbrenner wie Hans Reisetbauer anfangen, der mich kaum zu Wort kommen ließ? Ich wimmelte ihn ab, gar nicht mal so unfreundlich, wie ich finde, und bat ihn, mir ein paar Flaschen seiner Wahl dazulassen. An diesem Nachmittag war ich ziemlich unter Zeitdruck und hatte überhaupt kein Interesse an neuen Spirituosen. Also zog er wieder von dannen.

_____ Einige Tage später gab es doch noch ein Happy End in dieser Geschichte: Als ich die Marille, Williamsbirne, Apfel und Elsbeere probierte, musste ich feststellen, dass ich Vergleichbares noch nicht in meinem Repertoire hatte. Fast reumütig rief ich ihn an und entschuldigte mich zunächst, dann fachsimpelten wir eine Zeit lang, und schließlich gab ich eine ordentliche Bestellung auf. Sehr zu seiner, zu meiner – und zur Freude der Tantris-Gäste. Jahre später entwickelten wir zusammen sogar eine eigene Reisetbauer-Tantris-Selektion.

DER SCHLÜSSEL ZUM WEINHIMMEL IM TANTRIS-KELLER

_____ Ich kann so manche Episode mit Weinhändlern aus dieser Zeit erzählen. Anfangs hätte ich mit jedem von ihnen eigentlich einen Nichtangriffspakt schließen müssen. Mein Problem war, dass ich zunächst gar nichts einkaufen konnte. Mir waren de facto die Hände gebunden.

_____ Fritz Eichbauer Senior, der Eigentümer des Tantris, liebte es zu reisen. Er liebte es, Weingüter zu besuchen. Und am allermeisten liebte er es, Weine in großen Mengen einzukaufen – nicht nur dutzendweise, wie es heute üblich ist. Es lag also ein gigantischer Schatz im Keller des Restaurants verborgen, und niemand hatte sich zuvor eingehend damit beschäftigt – außer der Chef selbst, dem seine Sammelleidenschaft irgendwann aus dem Ruder gelaufen war. Mitte der 1980er-Jahre war er schon länger auf der Suche nach einem Sommelier, der die Kellner im Tantris beim Weinverkauf unterstützen konnte. Was er definitiv nicht brauchte, war jemand, der noch mehr Wein einkaufte. Eigentlich wollte er am liebsten weiterhin selbst bestimmen, was und wie viel angeschafft wurde. Er brauchte jemanden mit Fachwissen und Überblick, der verwalten und die teuren Weine verkaufen konnte, bevor sie ihre besten Zeiten hinter sich hatten.

_____ Kurzum: Er brauchte mich. Zu dieser Zeit war ich noch in Düsseldorf im Restaurant Victorian als Chefsommelière tätig, doch die Vorstellung, nach München und vor allem ins Tantris zu gehen, gefiel mir schon sehr gut.

_____ Ich hatte nur eine, dafür eine ganz wichtige Bedingung für meine Zusage: die Verwaltungshoheit über die Kasse. Wie sollte ich den Vorrat wie gewünscht reduzieren und eine neue Struktur schaffen, wenn weiterhin jemand anderes immer wieder einkaufen konnte? Nach einer Weinreise, zu der mich Fritz Eichbauer mit seinem Weinkreis, der „Commanderie de Bordeaux", in die spanische Weinregion Rioja eingeladen hatte, gab ich also mein Okay – und er gab mir die Schlüssel zu Kasse und Keller. Somit hatte ich die Macht. Den Zugang zu einer neuen Welt. Ich war im Weinhimmel angekommen! Die Inventurliste des Tantris umfasste 70 Seiten, beidseitig vollgeschrieben, und bei sehr vielen Positionen standen 90 Flaschen plus. In diesem Keller lagerten mehr als 50 000 Flaschen Wein, ein großer Teil von allererster Güte. Eine solche Fülle an Premiumweinen aus Frankreichs besten Lagen hatte damals – bis auf die Ente in Wiesbaden vielleicht – wohl kaum ein Restaurant in Deutschland.

_____ Lange schwelgen konnte ich in den himmlischen Sphären allerdings nicht, denn mein erstes Ziel – und mein Versprechen – war ja gewesen, diesen Bestand zu reduzieren. So schickte ich also Weinhändler, die mir etwas verkaufen wollten, in den ersten Monaten immer wieder nach Hause. Ich blockte Termine mit Importeuren anfangs regelrecht ab und stürzte mich stattdessen in die Arbeit. Ich musste mir ja erst einmal einen Überblick verschaffen, musste analysieren, was in diesem Restaurant überhaupt lief, musste herausfinden, was die Gäste mochten und was nicht. Das dauerte mehrere Wochen, eher Monate.

_____ Danach kam die nächste „Baustelle": Importeure, die mit Exklusivrechten dem Sommelier das Leben schwer machen können. Oft werden da nicht nur die Preise diktiert, sondern auch die Mengen bzw. die Anzahl der Flaschen. Man kann nicht einfach nur die Spitzenweine einer Produktion kaufen, sondern muss dazu auch immer noch die Basisqualitäten nehmen. Nur durch solche exklusiven Verträge ist es möglich, sich das komplette Sortiment eines Jahrgangs zu sichern.

SAMSTAGMITTAG IM SCHWABINGER GOURMETTEMPEL

_____ Natürlich wollte ich immer die Perlen einer Produktion haben, doch was sollte ich in einem Sternerestaurant mit einem Basiswein für 5 bis 10 DM anfangen, den ich quasi als Beifang mit dazubekam? Ich musste wiederum meinem Chef erklären, dass wir neben den teuren Premiumweinen auch Besonderheiten für den Alltag brauchen: immer noch sehr gute Weine, aber eben günstige.

_____ Um diese Weine zu verkaufen, führten wir jeweils am Samstagmittag ein Spezialmenü im Tantris ein, was zwei Fliegen mit einer Klappe schlug: Dazu konnte ich all diese guten, aber preisgünstigeren Weine anbieten, und gleichzeitig wurden damit neue Gäste ins Tantris gelockt, die sich sonst vielleicht gar nicht hergetraut hätten. Es gab einen fixen Preis, ein festes Menü, feine Weine – und die Einladung, Platz zu nehmen im Schwabinger Gourmettempel. Der Plan ging auf, das Haus war jeden Samstagmittag voll, oft mit mehr als 100 Gästen. Dadurch war ich in der Lage, größere Weinmengen aus dem Gesamtsortiment einzukaufen und konnte beim Importeur auch bestimmen, was ich gerne geliefert haben wollte – inklusive all der Perlen von der Spitze der Pyramide.

_____ Die Weinhändler wiederum witterten jetzt eine ganz besondere Fährte: Sie führte zu mir und damit zu einer der besten Adressen, die es damals in Deutschland gab. Wer ins Tantris liefern durfte, war in bester Gesellschaft und hatte damit auch bei seinen Winzern stets gute Karten.

_____ So mancher Verkäufer und auch viele Angebote des Weinhandels hingegen waren zu dieser Zeit teils unterirdisch. Es gab natürlich einige berühmte Ausnahmen mit exzellenten Bordeaux-Programmen wie Alpina in Buchloe oder Segnitz in Bremen, die sehr gute Quellen hatten und außerdem mit Fritz Eichbauer freundschaftlich verbunden waren. Insgesamt waren solche Fundgruben aber rar.

——— Oft geärgert habe ich mich über Weinhändler, die meinten, mir sagen zu können, was im Tantris-Keller fehle und aus ihrem Programm unbedingt ergänzt werden müsse. Das wurmte mich sehr, denn manche hatten ja recht: Es fehlten Weine auf der Weinkarte, es fehlten sogar einige. Mit wenigen Ausnahmen lagen hauptsächlich französische Weine im Keller, was an der Frankreichliebe meines Chefs lag.

——— Frankreich war in dieser Zeit das kulinarische Imperium der Welt, und es lässt sich dort weintechnisch gesehen auch gut aushalten. Frankreich ist groß, Frankreich hat viele Weinregionen und Rebsorten zu bieten. Da ist ja nicht nur Bordeaux und Burgund. Da gibt es die Champagne, die Loire, die Rhône … Damit war das Tantris bestens ausgerüstet. Die teuersten Weine der Welt kommen heute noch aus Bordeaux und Burgund. Ein 1979er Château Petrus war Anfang der 1980er-Jahre mit 79 DM netto im Einkauf für die Gastronomie sündhaft teuer.

HEUTE BEZAHLEN AHNUNGSLOSE ETIKETTEN-TRINKER FÜR DIESE LÄNGST TODMÜDE IKONE ÜBER 2000 EURO IM HANDEL!

——— Die durchaus verständliche Fokussierung auf Frankreich wollte ich durch Weine aus Deutschland, Österreich, Italien und Spanien ergänzen. Es kamen immer mehr internationale Gäste ins Tantris, was auch die Nachfrage veränderte. Unser Angebot an italienischen Weinen beispielsweise war bescheiden. Nicht schlecht, aber trotzdem: bescheiden. Es gab ein paar Klassiker wie Barbaresco, Sassiscaia oder Soave, aber damit hörte es auch schon auf.

——— Die Zusammenarbeit mit einem Weinhändler, der ein sehr gutes Italienprogramm hatte, war daher für mich der logische nächste Schritt. Eberhard Spangenberg hatte damals kurz zuvor seinen Weinhandel gegründet und war wiederholt als Gast im Tantris. Er erwies sich als sehr kooperativer Geschäftspartner, vor allem aber auch als sehr angenehmer Mensch. Sein Geschäft trug den klangvollen Namen GARIBALDI …

AUF EIN GLAS MIT PAULA BOSCH

WEINKAUF, WEIN- PUNKTE UND GUTE INVESTMENTS

PAULA BOSCH IM GESPRÄCH MIT WEIN- HÄNDLER EBERHARD SPANGENBERG

Wenn man gut drauf und die Autobahn frei ist, schafft man es in zweieinhalb Stunden von München über den Brenner. Italien war für Eberhard Spangenberg schon immer ein Grund aufzubrechen. Bei Tag, in der Nacht oder auch nur für ein Wochenende. Wie oft er die Strecke in seinem Leben gefahren ist, weiß er wohl selbst nicht mehr. Als Student hatte er sich in den 1970er-Jahren nach einem nächtlichen Bad in einer Therme in die Toskana verliebt und wollte am liebsten nie wieder gehen, also kratzte er alles Geld zusammen und kaufte sich mit einer Freundin dort ein Haus. Längst ist Spangenberg zurückgekommen nach München, verbringt aber, so oft es die Arbeit zulässt, viel Zeit in „Bella Italia".

Wenn er von Italien schwärmt, von fruchtigem Olivenöl aus Apulien, von saftigen Orangen aus Sizilien oder den handgefertigten Stühlen aus Ligurien, die er mitgebracht und zu einer kleinen Sitzgruppe im vorderen Bereich seines Weingeschäftes aufgestellt hat, leuchten seine Augen noch immer.

„GARIBALDI – Wein und Delikatessen" ist auf einem Schild in der Münchner Schellingstraße zu lesen. Es hängt vor dem ersten Laden, den Eberhard Spangenberg Anfang der 1980er-Jahre aus purem Italienidealismus heraus eröffnete. Er hatte zu diesem Zeitpunkt schon einige Erfahrung in der Gastronomie gesammelt, obwohl er ursprünglich Philosophie und Theaterwissenschaften studiert hatte.

Eberhard Spangenberg passt in keine berufliche Schublade. Er war Wirt des Fasanenriehofs, Mitbegründer des Ruffini-Kollektivs, er war als Verleger und Autor tätig und hat Slow Food Deutschland ins Leben gerufen. Und seit nun fast 40 Jahren ist er Weinhändler und seit Jahrzehnten auch ein wichtiger Geschäftspartner von Paula Bosch.

„Anfangs hatte ich sehr großen Respekt vor Paula", erinnert sich Eberhard Spangenberg. „Das geht vielen in der Branche so, aber ich bin noch dazu ein absoluter Quereinsteiger. Sie dagegen ist Vollprofi mit einer fundierten klassischen Ausbildung und kann einem wie kaum jemand sonst die Meinung sagen. Manchmal wird sie auch ein bisserl launisch." Umso höher rechnet er ihr an, dass sie bereit war, ihm eine Chance zu geben.

WIE HAT SICH DER WEINHANDEL VERÄNDERT SEIT DER ZEIT, ALS SIE MIT GARIBALDI ANGEFANGEN HABEN?

_____ EBERHARD SPANGENBERG: Da muss ich etwas weiter ausholen. In der Zeit, als wir beide angefangen haben, gab es in Deutschland viel weniger Sternerestaurants – und viel weniger Sommeliers. Man musste den Genuss erst lernen. In den 1970ern steckte Deutschland gefühlt ja immer noch in der Nachkriegszeit. Essen musste man, um zu überleben. Die Eltern mahnten auch zwei Jahrzehnte später noch, man solle nicht so viel Butter aufs Brot nehmen. Champagner zu trinken, Kaviar zu essen oder gar eine Flasche Wein zu kaufen, die mehr als 10 Mark kostete? Das galt als unmoralisch. In den 1980er-Jahren eröffneten dann die ersten Sternelokale: das Tantris, die Ente in Wiesbaden, der Schwarze Adler in Oberbergen oder das Restaurant Zum Schiffchen in Düsseldorf. Herausragende Pioniere wie der „Urvater aller Köche" Eckart Witzigmann, der Gründer der Zeitschrift „Gourmet" Johann Willsberger und der Gastronomiekritiker Wolfram Siebeck markierten den Aufbruch der deutschen Spitzengastronomie. Und natürlich Paula Bosch als Vorreiterin für eine ganze Generation, eine ganze Ära

der Sommelerie. Die Menschen haben damals mit einem Gefühl gearbeitet, das ich heute in der Gastronomie oft vermisse: Freude. Ja, selbstverständlich gibt es auch heute noch Gastronomen, die ihre Sache mit Herzblut machen.

MANCHMAL ABER FÜHLT MAN SICH ALS GAST, ALS OB MAN TEIL EINER THEATERINSZENIERUNG DES JEWEILIGEN KOCHS SEI.

Aber ich schweife ab. Natürlich hat sich für den Weinhandel vieles geändert. Die Leute wissen heute mehr. Gerade Privatkunden sind nicht mehr so sehr auf ein Land fixiert. Früher hatte ich Kunden, die tranken nur Edelzwicker aus dem Elsass, den findet man heute gar nicht mehr. Dann kam die Ära Pinot Grigio, dann Lugana … Heute wechseln die Kunden viel selbstverständlicher zwischen den Ländern und zwischen verschiedenen Weinen. Der Horizont ist weiter geworden.

Andererseits verlangt der Markt, dass wir uns auch mit alkoholfreiem Wein beschäftigen müssen. Mittlerweile trinken viele ja gar keinen Alkohol mehr, aus Gründen der Gesundheit oder auch der Selbstoptimierung. Wir haben da sehr vieles probiert – jede Menge schlechtes Zeug, aber es war tatsächlich auch einiges Gutes dabei. Unter dem Strich würde ich sagen: Wein ist nach wie vor eine tolle Branche, in der man keine Ängste haben muss. Auch neue Entwicklungen sind wichtig, selbst wenn ich sie manchmal kritisch sehe. Aber Wein kann nicht wegdigitalisiert werden. Wirklich gute Weine sind von der Natur abhängig, vom Jahrgang, von der Persönlichkeit des Winzers und vom Handwerk. Ich sehe täglich, was die Menschen wollen: einen Stuhl, einen Tisch, ein Glas und ein gutes Gespräch. Dieses Grundbedürfnis wird immer bleiben.

WIE KAUFEN GASTROKUNDEN HEUTE WEIN? WARTEN SIE AUF SONDERAKTIONEN, KOMMEN SIE MEHR IN DIE GESCHÄFTE, ODER LÄUFT ALLES ÜBER INTERNET UND E-MAIL?

_____ EBERHARD SPANGENBERG: Bei den Gastrokunden ist das Wichtigste Kontinuität und Nähe. Wir hatten früher einen Stand auf der ProWein in Düsseldorf. Auf der Messe haben wir viele Interessenten und Kunden aus ganz Deutschland gefunden, aber wir konnten sie auf Dauer nicht halten, wenn sie nicht aus unserer

Region kamen, also München und Bayern, weil sie dann nicht weiter betreut werden konnten.

Gastrokunden, wie ich sie kenne, kaufen nicht im Internet, sondern wünschen persönliche Betreuung und Service. Sie wollen nicht das Schriftliche, sie lieben das Direkte, Persönliche. Deshalb sind sie auch Wirte geworden.

Wir liefern sehr kurzfristig, oft noch am Tag der Bestellung, und zwar nicht durch irgendwelche Logistikunternehmen, sondern durch eigene Mitarbeiter mit unseren eigenen Lieferwagen direkt in die Keller der Kunden. Reklamationen bearbeiten wir schnell und kundenfreundlich, zum Beispiel ersetzen wir jede Flasche in jeder Preiskategorie bei Korkfehlern ohne jede Diskussion. Schriftliche Sonderaktionen mit speziellen Themen, die im Einzelhandel sehr viel Erfolg haben, bringen in der Gastronomie nichts. Da sind Besuche mit unseren Winzern und unsere Hausmesse erfolgreicher.

Mit persönlichem Kontakt und einer „hautnahen" Degustation kaufen die Profikunden gerne Wein. Die italienischen Gastronomen sofort, die deutschen überlegen mehr, arbeiten langfristiger.

——— **PAULA BOSCH**: Zum Thema Weinkauf kann ich sagen:

NIE ZUVOR, ZU KEINER ZEIT IN DER WEINGESCHICHTE, KONNTEN DIE MENSCHEN AUS EINEM SO BREIT GEFÄCHERTEN ANGEBOT EXZELLENTER WEINE AUSWÄHLEN WIE HEUTE.

Zur riesigen Auswahl stellt sich aber die Frage: Wo kaufen und was muss ich dabei beachten? Ist es sinnvoll, sich auf Rabatte und Sonderangebote zu stürzen? Wer bietet mir da die beste Plattform? Supermärkte, Handelsketten, der Fachhandel, Weinauktionen, Onlineshops? Oder bleibt das Weinerlebnis direkt vor Ort beim Winzer immer noch das Highlight meines Weineinkaufs?

Grundsätzlich lege ich immer, geschäftlich wie privat, größten Wert auf erstklassige, zuverlässige Beratung und Betreuung. Daher empfehle ich in erster Linie den Fachhandel, vom kleinen Einzelhändler bis zum zuverlässigen Großhandel. Selbst einige Supermärkte haben heute gute Weinabteilungen mit kompetentem Fachpersonal.

Bei Weinauktionen sollten Sie im besten Fall persönliche Kontakte pflegen, denn früher oder später tauchen viele Fragen auf. Setzen Sie sich grundsätzlich Preisziele nach oben! In Onlineshops achten Sie auf das Kleingedruckte, vor allem bei nicht lieferbaren Jahrgängen, und versuchen Sie herauszufinden, wo die Flaschen herkommen und wie sie gelagert wurden.

WELCHEN EINFLUSS HABEN WEINPUNKTE AUF WEINPREISE?

_____ **EBERHARD SPANGENBERG:** Es kommt auf die Publikation an, die die Weinpunkte vergibt. Parker-Punkte oder hohe Bewertungen im „Wine Spectator" fördern den Verkauf, drei Gläser im „Gambero Rosso" auch. Wenn der Verkauf gut geht, ist die nächste Preiserhöhung nicht weit. In den letzten Jahren sind deshalb die Preise für hochwertige Spitzenweine ziemlich gestiegen. Ich richte mich aber in der Auswahl für unser Sortiment nicht oder nur sehr wenig nach Punkten. Für meine Mitarbeiter und mich zählt in unseren regelmäßigen Verkostungen der eigene Geschmack. Unsere Aufgabe sehe ich darin, den Kunden individuelle gute Weine für gutes Geld anzubieten, oft auch Geheimtipps, jenseits von Ratings. In der Werbung erwähne ich zwar die Auszeichnungen der Weine, stelle sie aber nicht in den Mittelpunkt. Nur mit Weinbewertungen und Rabatten Marketing zu machen finde ich dem einmaligen Naturprodukt Wein nicht würdig. Dass Weinbewertungen so sehr im Vordergrund stehen, hat nämlich auch einen großen Nachteil: Viele internationale Weine werden immer gleichförmiger und „internationaler", weil die Winzer hohe Ratings anstreben.

_____ **PAULA BOSCH:** Bei vielen Sommeliers spielen diese Bewertungen – Parker-Punkte, „Wine Spectator", drei Gläser beim „Gambero Rosso" und so weiter – nur noch eine sekundäre Rolle. Sie listen hoch bewertete Weine vor allem, weil sie ihrer Kundschaft entgegenkommen und sich gleichzeitig vor endlosen Diskussionen schützen wollen.

ICH SELBST HALTE VON BEWERTUNGEN IMMER NOCH NICHT VIEL, SCHON GAR NICHT ALS VERKAUFSHILFEN.

Jeder Mensch sollte seinen eigenen Geschmack haben, ihm vertrauen und nicht zu viel auf diese Variablen geben, die sich bei neuen Verkostungen ja ständig verändern können, positiv wie negativ. Ich habe noch keinen einzigen Journalisten getroffen, der bereit gewesen wäre, seine einmal veröffentlichten Bewertungen zu einem anderen Zeitpunkt unverändert zu wiederholen, schon gar nicht bei veränderter Reihenfolge der Verkostung. Das sagt ja wohl alles dazu, wie „objektiv" oder verlässlich diese Bewertungen sind.

WIE ENTDECKT MAN ALS ERFAHRENER HÄNDLER NEUE WINZER UND DEREN WEINE?

———— EBERHARD SPANGENBERG: Ich bin immer neugierig und suche in Geschäften und Restaurants stets die Weine, die ich noch nicht kenne. Ich habe selbst keinen großen Weinkeller, weil ich unablässig auf der Suche nach Neuem bin. In Italien entgeht mir fast nichts, weil ich mir über die Jahre ein zuverlässiges Netzwerk aufgebaut habe: gute Winzer, die sich immer mit anderen guten Winzern beschäftigen; gute Restaurants, die gern die Weine junger und neuer Winzer aus ihrer Region anbieten; qualifizierte Kollegen, die für mich keine Konkurrenten sind, sondern mit mir in einem Boot sitzen und viel Erfahrung haben; Journalisten, die sich berufsmäßig umtun und immer auf der Suche nach Neuem

sind; Slow-Food-Freunde, die lokal ausgezeichnet vernetzt sind; Sommeliers, mit denen ich über Jahre einen Erfahrungsaustausch aufgebaut habe – und manchmal auch Kunden, die immer mehr von Wein verstehen.

Wir bekommen täglich Angebote von Winzern, die in unser Sortiment wollen. Ich beobachte Weingüter über Jahre, bis ich sie aufnehme. Es geht nicht um den einen guten Wein, sondern um ein konstant qualitätvolles Sortiment, es geht um die Kontinuität und eine Marktstrategie des Erzeugers, in der auch wir als Fachhändler einen festen Platz haben. Und es geht immer mehr auch um die persönliche Performance der Winzer: Sie und ihre Weine müssen eine Geschichte haben und ansprechend verpackt sein. Da kann der Wein noch so gut sein, wenn ich einen Winzer nicht mag und er mich nicht, kommt er nicht in unser Angebot. Wer aber drin ist im GARIBALDI-Sortiment, hat eine gute Visitenkarte für den deutschen Markt.

GROSSARTIGE WINZER, BEKANNTE WEINGÜTER SIND DIE NEUEN LIEBLINGE VON INVESTOREN …

———— EBERHARD SPANGENBERG: … aber nicht von mir. Auch wenn wir solche Weingüter im

Sortiment haben. Meine Lieblinge sind die Kunden, die selbst Wein lieben und besonders die, die täglich Wein ausschenken oder selbst trinken. Ich habe persönlich Wein nie als Investition gesehen, sondern als eine bestimmte Lebensform, zwischen Natur und Kultur zu leben. Die Frage ist nicht, wie viel Geld ich auf dem Konto oder Wein im Keller habe, sondern: Wie und mit welchen Menschen möchte ich jeden Tag verbringen?

_____ **PAULA BOSCH:** Ja, Wein ist in den letzten zwei Jahrzehnten eine neue Plattform für Investoren geworden. Eine Erscheinung der Zeit, die aus dem gestiegenen Lebensstandard resultiert.

ES WIRD IMMER MEHR BESSERER UND TEURERER WEIN GETRUNKEN – WENN AUCH NICHT UNBEDINGT IN DEUTSCHLAND, WO DIE „GEIZ IST GEIL"-MENTALITÄT IMMER NOCH WEIT VERBREITET IST.

Erfreulich dabei ist aber, dass es mehr jüngere Weintrinker und Genießer gibt, die eher auf „weniger ist mehr und besser" setzen.

UND WIE HAT SICH DAS PREISBE-WUSSTSEIN IM HANDEL VERÄNDERT?

_____ **EBERHARD SPANGENBERG:** Ich glaube, Händler und Kunden sind heute bereit, mehr Geld für Wein auszugeben als noch vor einigen Jahren. Auch wenn der Durchschnittspreis pro Flasche in Deutschland immer noch unter drei Euro liegt! Mit dem Wissen über Wein, der Globalisierung des Weinmarktes und mit der Verbreitung der Weinkultur, nicht zuletzt durch Winzer, Weinhändler und Gastronomen, ist auch die Wertschätzung für Wein gewachsen. Deshalb werden auch höhere Preise für Wein aufgerufen und bezahlt. Das Schöne ist, dass es sehr viele junge Menschen sind, die Wein schätzen, lieben und auch Geld dafür ausgeben. Es gehört in bestimmten Schichten heute fast zur guten Erziehung, guten Wein zu trinken, so, wie man früher in die Tanzschule gegangen ist.

_____ **PAULA BOSCH:** Nicht nur in der Topgastronomie hat sich das Preis- und Qualitätsbewusstsein enorm verändert. Es ist zwar nur eine verschwindend kleine Gruppe von Menschen, die bereit ist, für bessere Qualität mehr zu investieren, aber sie wächst ständig. Die Wertschätzung von Wein hat in Summe in der Gesellschaft zugenommen.

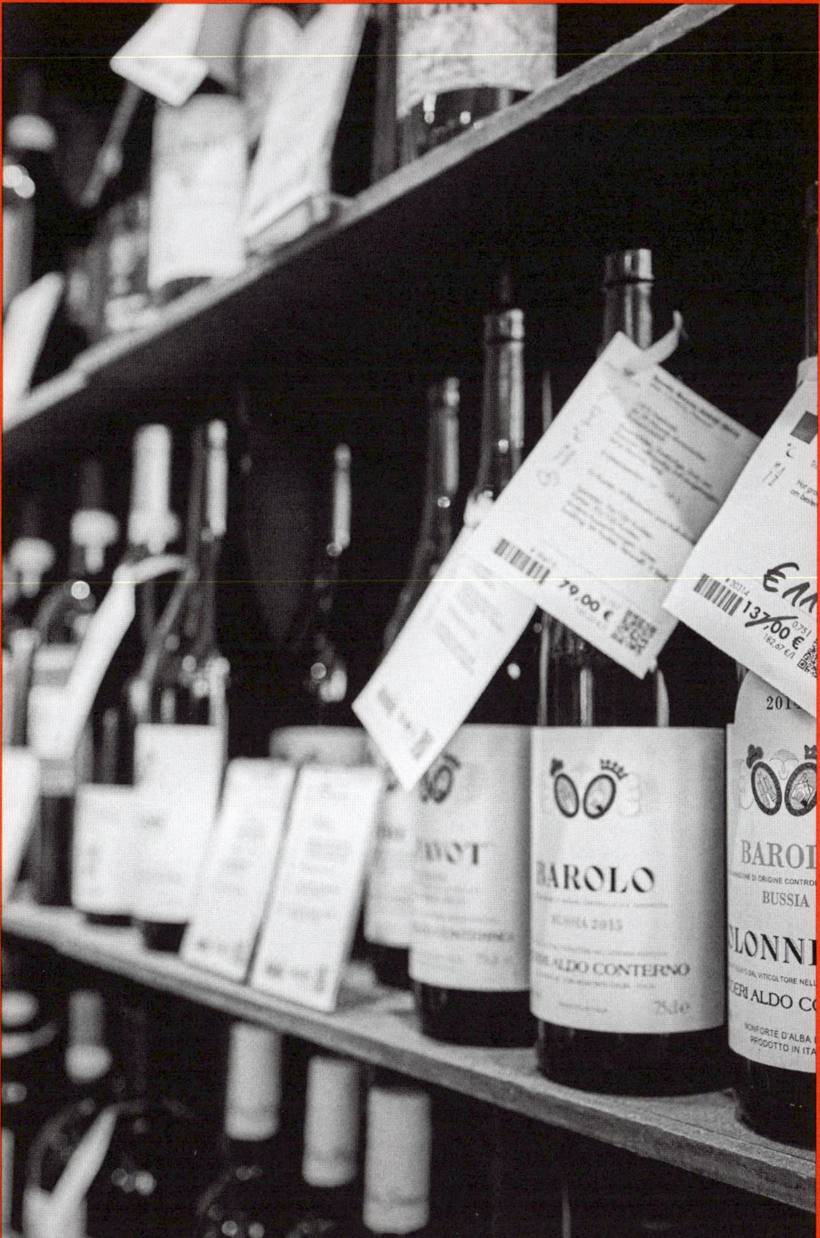
79,00 €
137,00 €
BAROLO
BUSSIA

PAULA
BOSCH
ÜBER ...

**WAS ICH MIR VOM WEIN-
HANDEL ERWARTE**

Grundsätzlich habe ich beste Erfahrungen mit dem qualifizierten Weinhandel
gemacht. Wenn ich gewisse Ansprüche
habe, ist es beim Weineinkauf das
A und O, mich an spezialisierte Wein-
fachhändler zu wenden. Deren Pro-
gramme, ob sie sich nun auf ein Land
beschränken oder breiter ausgerichtet
sind, bieten mir nach eingehender
Prüfung, was ich erwarte. Dabei steht
das Angebot nicht einmal an erster
Stelle, sondern die unterschiedlichen
Leistungen und der Service, wie:

× Faire und dem Status des Restaurants angepasste Preise sowie Preis-
   stabilität und günstige Zahlungskon-
   ditionen.

× Keine ständigen Sale- und Rabatt-
   schlachten für Privatkunden (die
   ja auch Gäste des Restaurants sein
   könnten).

× Kontinuität im Programm, insbesondere bei Weingütern und den Jahrgängen. Nicht das größtmögliche
   Programm ist hier hilfreich, sondern
   ein gezielt ausgesuchtes Sortiment
   mit Profil. Angebote können auf ein
   Land oder international ausgerichtet
   sein, sich auf Themen spezialisieren,
   etwa Bio-und Naturwein, unbekannte Regionen, individuelle Winzer,
   handwerklich arbeitende Erzeuger
   mit kleinen Mengen.

× Kompetente Beratung und eine
   zwischenmenschliche Beziehung auf
   absoluter Vertrauensbasis.

- × Verkostungsmöglichkeiten auch auf Hausmessen oder Reisen zu den Winzern, die das Handelshaus im Programm hat.
- × Eine gut funktionierende Logistik: flexible, regelmäßige und auch mal kurzfristige Liefertermine, kurze Distanzen für Alltagsweine, keine Mindestabnahmen, die Möglichkeit, auch kleine Mengen zu ordern, Umtauschvereinbarungen, wenn der Wein bei den Gästen nicht ankommt.

WAS EINEN GUTEN WEINHÄNDLER AUSMACHT

Ein guter Weinhändler ist Kaufmann und Psychologe zugleich. Auch ein Visionär steckt in ihm, denn sein Sortiment sollte stets vorausschauend auch mit Aktuellem bestückt sein. Dabei wird nicht von ihm erwartet, dass er heute dies und morgen wieder irgendetwas Neues anbietet. Bei aller Aufgeschlossenheit neuen Trends gegenüber ist Kontinuität von zentraler Bedeutung.

Die besten Weinhändler sind Vertrauenspersonen und Mittler zwischen Winzern und Genießern. Sie kennen ihre Produzenten und deren Weine, wissen um die Höhen und Tiefen, Stärken und Schwächen der Jahrgänge und beraten somit kompetent ihre Kunden. Der Mehrwert, den der Fachhandel bietet, kompensiert in der Regel die höheren Preise.

WORAUF MAN BEIM ONLINE-HANDEL AUFPASSEN MUSS

Augen auf beim Onlinehandel: Welchen Wein auch immer Sie online erwerben möchten, suchen Sie sich einen bekannten, bewährten und vertrauenswürdigen Anbieter aus! Dazu zählen auch die vielen namhaften Weinhandlungen, deren Sortiment per Internet bestellt werden kann.

Achten Sie stets auf das Kleingedruckte, zum Beispiel: „... wenn der angebotene Jahrgang nicht auf Lager ist, wird automatisch der Nachfolger geliefert." Hier sollten Sie vorsichtig sein; der Jahrgang eines jeden Weins ist von großer Bedeutung!

Achten Sie bei Lieferterminen auch auf extreme Außentemperaturen. Zu heiß oder zu kalt mag es kein Wein; im schlimmsten Fall kann die ganze Lieferung Schaden nehmen.

GROSSE KÖCHE – GROSSE MENÜS

„NUR DURCH DEN QUALITATIVEN GLEICH-KLANG ZWISCHEN WEIN UND DEN PRODUKTEN KOMMT ETWAS GROSSARTIGES AUF DEN TELLER, UND NUR DANN BLEIBT DIE SYMBIOSE UNVERGESSLICH."

ECKART WITZIGMANN

KÖCHE & GASTRONOMEN | PERSPEKTIVEN

GASTRONOMIE BEDEUTET
VOR ALLEM: TEAMWORK!

_____ Ein Restaurant ist nicht immer nur ein friedlicher Ort – das wird jeder bestätigen können, der schon einmal in der Gastronomie gearbeitet hat. Das liegt in der Natur der Sache: Herrscht vorne Hochbetrieb, ist die Spannung auch hinter den Kulissen greifbar. Die Küche rotiert, um alle Gerichte gleichzeitig angerichtet und warm auf die Teller zu bringen, der Service wartet schon am Pass, der Sommelier spricht noch am Tisch mit den Gästen, und über allen tickt die Uhr. Zu lange Wartezeiten auf der einen Seite bringen das andere Team in die Bredouille. Ich habe mir das immer bewusst gemacht und mir daher im Tantris ein Limit im Kontakt mit den Gästen gesetzt. Länger als drei, maximal fünf Minuten, durfte es nicht dauern, bis ich die passende Weinbegleitung für den jeweiligen Tisch gefunden hatte. Wenn die Gäste fachsimpeln wollten, war dafür später noch reichlich Zeit. Zu Beginn des Abends aber wartete die Küche darauf, das Essen schicken zu können.

_____ Ein Abendmenü ist nun mal eine Frage des Timings und der Kooperation. Die Arbeit von Küche und Service muss ineinandergreifen wie bei einem Uhrwerk. Dabei ist der Druck, der täglich auf einer Restaurantmannschaft lastet, enorm. Da kann es schon mal vorkommen, dass der Ton rauer wird oder man unter Stress den Kollegen anschnauzt. Ein Wort gibt das andere – und manches staut sich wohl auch über eine Zeit hinweg auf.

AUCH DEN OFT ZITIERTEN KLEINKRIEG ZWISCHEN KELLNERN UND KÖCHEN, DIE FRONTEN ZWISCHEN WEISSER UND SCHWARZER BRIGADE – JA, DIE GIBT ES.

_____ Aber nicht unter Hans Haas. Ich hatte das Glück, fast 20 Jahre mit diesem wunderbaren, vorbildlichen Chef zusammenarbeiten zu dürfen. Er duldete keine verhärteten Fronten. Ihm war es immer wichtig, dass alle einander achten, und so führten wir eine Koch-Sommelier-Beziehung, die vor allem von gegenseitigem Respekt geprägt war. Unser Umgangston miteinander war immer korrekt. Jeder hat den anderen geschätzt, und auch wenn mal gekämpft oder gemault wurde, sind wir am Ende des Tages immer versöhnt mit uns und der Welt nach Hause gegangen. Ich durfte von Hans Haas sehr viel lernen, ihm oft über die Schulter schauen und neue Kombinationen mit ihm erschaffen – und dabei es gab auch ein paar ganz besondere Erlebnisse mit ihm …

DER „BACHERLWARME" CHAMPAGNER

_____ Nach so vielen Jahren der Zusammenarbeit versteht man sich irgendwann fast blind und weiß, wie der andere tickt: Wenn Hans Haas ein Wein oder Champagner nicht schmeckte, hatte er dafür einen ganz bestimmten Ausdruck, nämlich „bacherlwarm" (österreichisch/bayerisch für lauwarm), egal wie dieser wirklich temperiert war. Dieser Begriff war für mich ein eindeutiger Warnhinweis. „Bacherlwarm" bedeutete: Das mag Hans Haas überhaupt nicht. Besonders beim Champagner war er sehr empfindlich. Viele Köche haben ja eine gemeinsame Leidenschaft, nämlich Champagner, so auch Hans Haas, der mit Eckart Witzigmann und mir die Vorliebe für die Marke Pol Roger teilte, am liebsten aus Magnumflaschen.
_____ Da ich auch für den Einkauf verantwortlich war, wurde ich häufig mit einzelnen Champagnerflaschen zur Probe eingedeckt, in der

Hoffnung, dass wir den Wein in unser Programm aufnehmen oder gar eine Zeit lang für den glasweisen Ausschank verwenden würden. Wenn sich Haas dann zu später Stunde mit den Gästen an der Bar zum Gedankenaustausch traf, nutzte ich gern die Gelegenheit, um ihn und seine Gäste die eine oder andere Flasche probieren zu lassen.

_____ Mir lag viel an seinem Urteil. Vor den Gästen war eine Diskussion darüber nicht üblich, aber ich wusste genau, was los war, wenn er erklärte: „Mei, Frau Bosch, moinas net, dass der Champagner z'warm is? I moin, der is bacherlwarm … Bringens doch bitte den …!" – „Oui Chef, sorry!", war meine knappe Antwort, und zugleich wusste ich: Dieser Champagner macht hier keinen Stich.

GEKOCHTER OKTOPUS MIT KORKEN

_____ Es war in den ersten Wochen unserer gemeinsamen Zeit im Tantris. Ich fand in der Küche einen riesigen Topf, gefüllt mit einer Suppe oder einem Fond, und auf dessen Oberfläche schwammen einige Korken aus Weißweinflaschen. Ich fischte sie natürlich sofort heraus. Hans Haas beobachtete mich amüsiert und fragte, als ich endlich fertig war: „Frau Bosch, was machen's denn da?" – „Ja, was schon?", entgegnete ich entrüstet. „Da hat wohl irgendein Trottel eine Handvoll Korken in die Suppe geworfen!"

_____ Haas lächelte, nahm mir die Corpora Delicti aus den Händen und beförderte sie postwendend zurück in den Topf. Ich war perplex. „Mei, Frau Bosch, des san Oktopus", klärte er mich auf, „und die Korken, die lassen's mal schön drin, die sorgen dafür, dass er weich und butterzart wird …" Was für ein Küchengeheimnis!

FEINE WEINE FÜR DIE TONNE

_____ Vor allem eines hatten Hans Haas und ich während unserer Zusammenarbeit gemeinsam: Wir hatten kaum freie Zeit. Kaum für Freunde, ganz selten zum Radeln und schon gar nicht für privaten Weingenuss. Gute Weine kaufte er trotzdem, er sammelte sie regelrecht und zog auch immer wieder mit ihnen um. So lagen die Weine mal hier, mal dort. Gleich zu Beginn meiner Zeit bat er mich um eine kleine Ecke im Keller des Tantris, wo er seine Kisten und Kartons unterbringen konnte.

_____ Jahre später wurde ich einmal von ihm um einen Qualitäts-
check gebeten. Ich öffnete zwei, drei Flaschen und musste feststellen,
dass sie längst über dem Jordan waren. Sie taugten bestenfalls noch für
den Kochtopf. Also ging ich zu ihm und erklärte: „Chef, Sie haben ein
Problem. Ihr Wein im Keller …" – „Wie? Ham's koin Platz mehr? Bitte
san's doch net so, Frau Boooosch." – „Nein, nein, aber der Wein – also
der ist hinüber, den können Sie vergessen." „Wos? Ach, des gibt's doch
net!", rief er aus und wollte das sofort nachprüfen.

_____ Wir öffneten Flasche um Flasche, probierten und probierten.
Sein Gesicht dabei, das immer länger und länger wurde, werde ich nie
vergessen. Es war das Gesicht eines Küchenchefs, der jahrelang auf gute
und sehr gute, auch teure Weine gesetzt hatte – nur waren sie falsch
gelagert worden. Schließlich kapitulierte er. Diese Weine, das stand fest,
waren in der Mehrzahl nicht mal mehr gut genug für eine seiner feinen
Saucen. Sie fanden leider ein unrühmliches Ende im Flaschencontainer.

EIN HOCH AUF WEINAFFINE KÜCHENCHEFS

_____ Neben Hans Haas habe ich in meiner Sommelier-Karriere noch
mit zwei weiteren Küchenchefs zusammengearbeitet: Gerd Rein im Restaurant Bergische Stube im Hotel Intercontinental in Köln und Günter
Scherrer im Restaurant Victorian auf der Königsallee in Düsseldorf.
Mein großes Glück damals war, dass auch diese beiden Wein geschätzt
und gerne getrunken haben. Alle drei Köche respektierten Wein als
wichtiges Produkt zur Begleitung ihrer Menüs, ihres Küchenstils. Er war
zum Genuss bestimmt und wurde nicht nur als schnöder Multiplikator
zur Gewinnmaximierung betrachtet. Für die Arbeit mit ihnen bedeutete
das einen unschätzbaren Vorteil.

_____ Gerd Rein (mit dem ich von 1981 bis 1985 gearbeitet habe) war
weit gereist, in internationalen Küchen unterwegs und für die klassische französische Küche ebenso zu überzeugen wie für österreichische
Schmankerl. Gemeinsam veranstalteten wir viele Events mit Spezialil-
täten aus allen möglichen Regionen, so auch eine unvergessliche Woche
im Herbst mit Köstlichkeiten aus dem Périgord in Südwestfrankreich.
Da gab es Gänseleber, Steinpilze, Enten- und Gänsegerichte und dazu
die berühmten schwarzen Trüffeln des Périgord in allen Varianten.
Ausgeschenkt wurden Champagner, feinste Süßweine aus Sauternes,

einschließlich des legendären Château d'Yquem, und nicht zuletzt die einstmals berühmten Weine aus Cahors. Als Jungsommèliere hatte ich zu dieser Zeit schon unvergessliche Weinerlebnisse im Glas wie einen Champagner Roederer Cristal Jahrgang 1928 oder den legendären 1967er Château d'Yquem.

_____ Das Zusammenspiel von Speisen und Wein gestaltete ich immer nach einer einfachen Regel: Was in den jeweiligen Regionen an Weinen produziert und auch was von meinen Sommelier-Kollegen zu den Menüs empfohlen wurde, habe ich stets probiert, verkostet und das Beste davon eingekauft, um es dann mit den Spezialitäten, die Rein nachgezaubert hat, unseren Gästen zu servieren. Das war damals vielleicht alte Schule, aber ganz sicher keine schlechte. Gut erinnern kann ich mich an ein Gericht, ein Entenconfit, das mit getrüffelten Bratkartoffeln serviert wurde – und die Trüffeln waren sehr großzügig bemessen! Dieser himmlische Teller wurde mir eines Abends von einem Gast, kaum angerührt, wieder in die Hände gedrückt. Noch nie habe er derartig viele so verbrannte Bratkartoffeln serviert bekommen, war sein ziemlich ärgerlicher Kommentar.

_____ Sieben Jahre, von 1985 bis 1991, durfte ich danach im Victorian mit Günter Scherrer in Düsseldorf zusammenarbeiten. Nach der Neueröffnung dieses Restaurants auf der Königsallee erkannte Scherrer, dass er einen Sommelier benötigte. Sein Restaurantchef war in Sachen Wein ein absoluter Laie, und so engagierte er mich auf Empfehlung eines Freundes, der auch sein Sous-Chef war.

_____ Scherrer war ein Profi, Mitglied in internationalen Kochvereinen und Komitees. Er war auch der erste Küchenchef in einem amerikanischen Hotelkonzern (Hilton), der dort einen Stern im Guide Michelin erkocht hatte. Das kam damals einer Sensation gleich. Wir haben sehr viele kulinarische Highlights zusammen gedeichselt, Winzertreffen veranstaltet und Menüs mit Weinkombinationen angeboten. Günter Scherrer war offen für alles, was neu und sinnvoll war. Er hat auch die erste „Kuliothek" für seine Gäste ins Leben gerufen: Für regelmäßige Stammgäste standen in einem Glasschrank Bücher mit ihren Namen und Blankoseiten bereit, in die bei jedem Besuch handschriftlich das Menü und die getrunkenen Weine eingetragen wurden, teilweise ergänzt durch Anmerkungen der Gäste selbst. Ein- bis zweimal im Jahr wurden Künstler engagiert, deren eigens für das Galamenü gemalte Werke, zusammen mit der Menüfolge, auf Porzellanteller übertragen wurden. Diese dienten dann als Platzteller und Menükarte gleichzeitig und durften nach dem Event von den Gästen mit nach Hause genommen werden. Scherrer war ein Mentor der großen Gastronomie und Küche zugleich.

_____ Legendär seinerzeit waren auch die zahlreichen „Dinner Oenologie", die der Badische Weinbauverband im Colombi Hotel in Freiburg im Breisgau veranstaltete und zu denen alljährlich die gesamte große Topgastronomie kam. Hier wurden nie weniger als 24 (!) verschiedene Weine zu einem Menü gereicht, einschließlich dreier Sekte für den Aperitif – man könnte es auch als wahnsinnigen Marathon des Weins mit großartiger Küche beschreiben. Anschließend war für mich immer ein Besuch bei Franz Keller im Schwarzen Adler am Kaiserstuhl obligatorisch. Die französisch orientierte Küche, das Elsass ums Eck und die nahezu unerreicht günstige Weinkarte waren sagenhaft. Kurz zusammengefasst: Froschschenkel, Gänseleber und getrüffeltes Huhn, getränkt mit Burgunder und Bordeaux bester Lagen und Jahrgänge. Göttlich!

ECKART WITZIGMANN –
DER GRÖSSTE KOCH ALLER ZEITEN

_____ Wenn es um Wein geht, picke ich nicht gerne einen Favoriten heraus. Beim Kochen aber kann ich sagen: Der größte Koch aller Zeiten ist für mich Eckart Witzigmann. Ich liebte ihn schon über alles aus der Zeit in Düsseldorf, wo ich ihn im Victorian hatte kennenlernen dürfen.

ALS EINER DER WENIGEN KÖCHE BEWIES ER AUCH EINEN EXZELLENTEN WEINGESCHMACK UND WEINVERSTAND.

Er konnte mich damals sogar bei einer Blindverkostung überraschen. Damit hat er mich schwer beeindruckt.

_____ Was dieser Mann erschaffen und erlebt hat, ist sagenhaft. In seinem Restaurant, der Aubergine, konnte ich mit Eckart Witzigmann leider nie zusammenarbeiten, dafür hatte ich im wöchentlich erscheinenden Magazin der Süddeutschen Zeitung und im Gourmetmagazin „Der Feinschmecker" das Vergnügen. Zum Schreiben unserer SZ-Kolumne trafen wir uns bei ihm oder im Tantris; er überlegte die Rezepte, ich suchte die Weine dazu. Im Lauf der Jahre war das leider zunehmend schwieriger zu bewerkstelligen. Wir waren beide immer noch mehr unterwegs, und das Tantris mit zwei Serviceschichten hielt mich voll in Atem – da blieb für unsere gemeinsame Kolumne einfach keine Zeit mehr.

_____ Doch wir sind uns auch danach verbunden geblieben: Als der Jahrhundertkoch im Jahr 2021 sein Lebenswerk, das doppelbändige Buch „Was bleibt" herausbrachte, durfte ich, als einzige Frau, einen Beitrag zu unserer gemeinsamen Arbeit schreiben – noch heute fühle ich mich sehr geehrt und freue mich über seine herzlichen und freundschaftlichen Worte, die er mir im Nachhinein gewidmet hat.

TIM RAUE – DIE KOCHMASCHINE

_____ Mit einem weiteren großen deutschen Koch durfte ich im Jahr 2015 zusammenarbeiten: Tim Raue, mit dem ich das Buch „Deutscher Wein & Deutsche Küche" realisiert habe. Ein Buch mit ausgesuchten aktuellen deutschen Spitzenweinen in Verbindung mit Rezepten der klassischen deutschen Küche gab es zuvor noch nicht, deshalb wollte ich meine Idee dazu unbedingt umsetzen. Tim Raue war zu dieser Zeit längst für seine Vorliebe zur asiatischen Küche bekannt. Aber er hatte auch ein weiteres Restaurant in Berlin, das La Soupe Populaire, in dem er ausschließlich „Rezepte zur deutschen Küche" zubereiten ließ. Ich fragte bei ihm an, Tim war begeistert.

_____ 50 Rezepte waren angesagt, er machte einen Vorschlag, ich durfte entscheiden und war mit fast allen einverstanden. Ich bat ihn lediglich um ein Rezept mit Kopfsalat, der ganz selbstverständlich in deutschen Küchen war, aber nur noch selten serviert wurde. Raue bekam zwar fast einen Vogel, ließ sich aber darauf ein. Er setzte mit Michael Jaeger, seinem Küchenchef im La Soupe Populaire, die Rezepte großartig um und verlieh mit seinem Blickwinkel aus der asiatischen Küche manchem Rezept einen ganz besonderen Touch. Ich war mit dem Ergebnis glücklich. Doch mit die größte Herausforderung war die eigentliche Produktion, die wir an zwei Tagen über die Bühne brachten. Der schiere Wahnsinn.

TIM RAUE IST WIE EIN MARATHON-LÄUFER, EIN MOTOR, DER AUF HOCHTOUREN ARBEITET, SOBALD ER EINGESCHALTET WIRD.

_____ Knallhart, ohne Pardon – was nicht schmeckt, wandert in den Müll! Probieren durfte, nein, musste ich jeden Teller, jedes Rezept, und parallel dazu habe ich so lange Weine probiert, bis ich zufrieden war. Das waren mit die schwierigsten Verkostungstage als Sommelière, sie bleiben unvergessen. Ich musste aufgrund mangelnder Kapazitäten nämlich nicht nur die Weine, sondern auch teils das Essen spucken. Nicht einfach, aber unheimlich lehrreich und insofern eine wirklich tolle Zusammenarbeit. Das Buch war ein großer Erfolg.

GELERNT VON DEN MEISTERN

_____ Wenn man viele Jahre mit großen Köchen zusammenarbeitet, profitiert man auch für die eigene Küche. Für Kochen und guten Geschmack interessiere ich mich schon von Haus aus – ich will immer genau wissen, wie ein Gericht „funktioniert", welche Zutaten für ein Rezept verwendet werden. Da war die tägliche Praxis mit der Küche, die Möglichkeit, den Chefs über die Schulter zu schauen, eine Goldgrube. Ich koche leidenschaftlich gerne, regelmäßig für mich und für Freunde, und habe dafür bei Hans Haas viel gelernt.

_____ Wie beim Wein habe ich auch beim Essen eine ziemliche Bandbreite. Ich mag vieles: Fisch, Huhn, Gemüse, Schmorfleisch, dicke Steaks vom Grill, Pasta, Risotto und ganz viel Salat, egal ob Kartoffel- oder Kopfsalat, Tomaten, Gurken oder Niçoise. Ein Schweizer Wurstsalat, dafür kann man mich schon mal wecken. Auf Reisen esse ich gerne Spezialitäten der Region. Bei Eckart Witzigman liebte ich Rahmspinat mit Wachtelei und Alba-Trüffel. Bei Hans Haas den Kalbskopf mit Tomatenvinaigrette oder den mit Ei gefüllten Steinbutt mit Beurre blanc, den Spargel in der Folie mit Spitzmorcheln oder sein Wiener Schnitzel mit Kartoffel-Vogerlsalat, unerreicht wie auch das Backhenderl. Legendär seine Marillenmarmelade oder das Topfensoufflé. Mit einer guten Flasche Wein – sie darf auch einfach sein – sind diese Gerichte perfekte kulinarische Erlebnisse, mit denen ich mich heute noch in meinem Alltag begeistern kann.

AUF EIN GLAS MIT PAULA BOSCH

KÜCHE UND GASTRONOMIE – WOHIN GEHT DIE REISE?

PAULA BOSCH IM GESPRÄCH MIT HANS HAAS, DEM LANGJÄHRIGEN KÜCHENCHEF IM TANTRIS, STERNEKOCH TOHRU NAKAMURA UND GASTRONOM AXEL BACH

Wohin geht die Reise in der Spitzengastronomie, speziell in Deutschland? Um ein umfassendes Bild zu bekommen, ist es wichtig, einen Blick in unterschiedliche Küchen, Restaurants und Gastronomiebetriebe zu werfen: Langjährige Erfahrung, zukunftsweisende Veränderung und einen umfassenden Einblick in die aktu-

elle Lage der Gastronomie versprechen die drei Gesprächspartner, mit denen sich Paula Bosch „auf ein Glas" getroffen hat: Hans Haas, Tohru Nakamura und Axel Bach.

20 JAHRE IM TANTRIS: PAULA BOSCH UND HANS HAAS

Authentizität, Regionalität, Qualität, naturbelassene Produkte in unaufgeregter Klarheit mit eindeutigem Geschmackserlebnis: Das ist die Küche von Hans Haas. Mit niemandem hat Paula Bosch länger zusammengearbeitet als mit dem gebürtigen Tiroler, der 30 Jahre lang die Küche des Tantris geführt und geprägt hat. Der gemeinsame Start 1991 ging in die Geschichtsbücher des Restaurants ein. Ab diesem Zeitpunkt erkochte Haas durchgehend zwei Sterne im Guide Michelin und 18 Gault-Millau-Punkte für das Tantris. Zuvor war er unter anderem als Sous-Chef von Eckart Witzigmann im Restaurant Aubergine und als Küchenchef im Brückenkeller in Frankfurt am Main tätig gewesen. Ganz besonders geprägt hat ihn, wie er sagt, die Zeit im Elsass in der Auberge de L'Ill und in München bei Eckart Witzigmann in der Aubergine. In seiner Kochschule hat er vielen Tantris-Gästen Tipps und Tricks verraten, und auch die Schülerschar, die aus seiner 30-jährigen Praxis hervorgegangen ist, genießt hohes Ansehen. Seine langjährige Sous-Chefin, Sigrid Schelling, zelebriert heute im Werneckhof eine eigenständige Küche mit regionalen Lebensmitteln. Sie war nicht nur seine beste Schülerin, sondern seine linke und rechte Hand, wie Haas selbst gern sagt.

ZWEI JAHRZEHNTE GEMEINSAM IM TANTRIS: KÜCHENCHEF UND SOMMELIÈRE – WAS HAT IHRE ZUSAMMENARBEIT GEPRÄGT?

_____ **HANS HAAS:** Unsere Zusammenarbeit war wunderbar, weil jeder auf den anderen eingegangen ist. Das war das Entscheidende. Ich habe weniger Ahnung vom Wein gehabt, aber ich konnte mich auf Paulas Einschätzung verlassen. Durch sie habe ich gelernt, mich noch besser auf die Kombination von Küche und Wein zu konzentrieren. Wir haben viel probiert und miteinander gesprochen. Dadurch habe ich die Zusammenhänge auch verstanden.

_____ **PAULA BOSCH:** Unser gemeinsames Schaffen war immer von gegenseitigem Respekt und unbedingtem Vertrauen geprägt – wir haben ja 20 Jahre lang quasi die Tage und halbe Nächte zusammen verbracht. Hans hatte 1991 ein schweres Erbe übernommen, und ich sollte mit den mir zu Gebote stehenden Möglichkeiten die Gäste davon überzeugen, dass unser Neuanfang im Restaurant für sie ein neues, anderes Erlebnis sein würde. Die Kombination von Küche und Wein, wie es in Frankreich so ganz selbstverständlich war und wie sie Fritz Eichbauer damals dort kennengelernt hat, war jetzt unsere Aufgabe. Und die haben wir, wie ich meine, sehr gut gemeistert.

EINE GANZ BESONDERE TRANSPARENZ HAT DIE TANTRIS-KÜCHE IN DIESER ZEIT AUSGEZEICHNET. GAB ES NIE DEN WUNSCH, MAL EINEN ANDEREN STIL ZU KOCHEN?

_____ **HANS HAAS:** Nein, ich koche eine Küche, auf die man sich stets verlassen kann, und zwar immer.

BEI MIR SCHMECKT TOMATE WIE TOMATE, HUMMER WIE HUMMER.

Mein Ding war immer, dass das Produkt zum Vorschein kommt, das finde ich immer noch das Wichtigste. Es ist doch wirklich schlimm, wenn sich der Gast während des Essens fragen muss, was da auf seinem Teller sein könnte. Tourniertes Gemüse zum Beispiel ist ein Horror für mich. Da hat die Natur so ein wunderschönes Produkt gemacht wie Karotte, Spargel oder Kartoffel, und dann verfremdet es jemand total, schnitzt daran herum oder wirft es zur Hälfte weg! Da kriege ich echt die Krise.

_____ **PAULA BOSCH:** In diesen 20 Jahren sind wir keinen Modetrends hinterhergelaufen. Bei Hans gab es keinen Schnickschnack wie Steinbutt in Schokolade, völlig unbekannte Gewürze, Kräuter oder Lebensmittel. Für mich war das ein Glücksfall. Er hat es mir nie schwer gemacht, ist seinem Stil treu geblieben. Zudem konnte er sich aber auch auf die Weinwelt einlassen, das wollen nicht viele Küchenchefs.

Wir haben in unserer Zeit viele Weinproduzenten und Weingüter aus aller Welt zu Gast im Tantris gehabt. Hans ist immer darauf eingegangen, hat optimale Kombinationen gesucht, so lange daran getüftelt und gefeilt, bis es gepasst hat. Das war für mich als Sommelière das Wein- und Küchenparadies auf Erden.

GAB ES ALSO KEINE EXPERIMENTE?

_____ **HANS HAAS:** Doch, ich habe schon vieles ausprobiert und war allem gegenüber offen. Paula erinnert sich vielleicht an den Lachs unter der Klarsichtfolie bei niedriger Temperatur. Diese Variante des Garens von Fischen war damals völlig neu, heute macht das jeder. Oder auch der Steinbutt, gefüllt mit einem Hühnerei. Das war eigentlich ein sehr einfaches Experiment.

_____ **PAULA BOSCH:** Oder das Kartoffel-Lauch-Püree mit Kaviar on top, fantastisch! Wenn ich die Küche von Hans Haas erklären müsste, würde ich sagen: Sie war leicht verständlich und leicht zugänglich, man erkannte sofort, was auf den Tellern lag, und es hat stets wunderbar geschmeckt. Von all meinen Reisen kam ich immer gern nach Haus zu Hans Haas, da habe ich gewusst, auf was ich mich einlasse.

———— **HANS HAAS:** Genau.

ESSEN DARF NICHT ANSTRENGEND SEIN.

Wenn alle am Tisch sitzen und gute Stimmung herrscht, und dann kommt jemand vom Service und erklärt stundenlang, was auf den Tellern liegt, aber keinen interessiert's – dann läuft etwas falsch. Aber wenn du das Essen einfach hinstellst und wartest, und innerhalb von einer halben Minute sind alle ruhig, dann weißt du, dass es passt. Zum Essen zugetextet zu werden, und dann noch über Wein, oder Hunderttausende Erklärungen zu brauchen, das ist grausig. Für mich war immer wichtig, dass einer kurz und bündig das Essen ansagt, fertig. Und wenn der Gast etwas genauer wissen wollte, hat er eben gefragt.

———— **PAULA BOSCH:** Wenn die Teller vor den Gästen standen, musste sich der Service so schnell wie möglich vom Acker machen, auch die Sommelerie. Haas hat heiße Teller geliefert und wollte, dass der Gast sein Essen genau so genießen konnte.

———— **HANS HAAS:** Der Trend geht zum Glück wieder mehr hin zu Regionalität und einer ganzheitlichen Verzehrphilosophie, so wie wir das schon immer gemacht haben. „Nose to tail" beispielsweise. Es war für mich immer logisch, dass man alles von einem Tier, vom Kopf bis zum Schwanz verwerten kann. Das habe ich auch den jungen Köchen beigebracht, und alle, die von mir rausgegangen sind, können damit umgehen.

ES IST WICHTIG, DASS MAN EIN TIER WERTSCHÄTZT.

Es muss gut aufwachsen und gut geschlachtet werden. Ich habe immer zwei, maximal drei Zutaten verwendet und fertig. Mehr hab' ich nicht gebraucht. Und ich glaube, das ist eigentlich das Geheimnis: Je weniger ich verfälsche, desto mehr kommt das Produkt zum Vorschein.

———— **PAULA BOSCH:** Wir hatten Nouvelle Cuisine, wir hatten die Molekularküche, jetzt sind wir auf dem regionalen Weg. Es gab ja schon alles, von leicht zu vegetarisch, Mousse und Püree bis fisch- oder fleischlastig. Alles schon gekocht. Führt der Weg jetzt wieder zurück zur Pastetenküche, zu schweren Suppen, ganzen Tieren und dicken Saucen? Wohl kaum. Küchenstile werden immer krampfhafter verändert. Ehrlich gesagt, es würde mir heute bei manchen Köchen schwerfallen, zu ihren Gerichten, diesem vielen Allerlei auf einzelnen Tellern, passende Weine zu kombinieren. Ich müsste auf jeden Fall umdenken und den Wein hintanstellen.

WAS ABER OFT VERGESSEN WIRD: UMSATZTRÄGER NUMMER EINS SIND IMMER NOCH WEIN UND CHAMPAGNER. EIN RESTAURANT TRÄGT SICH MIT DEM VERKAUF VON GETRÄNKEN.

Andererseits sind die oft angebotenen „Weinreisen" für einen unterhaltsamen Abend nicht immer förderlich. Ständig probiert und kombiniert man und kommt gar nicht mehr zu einer Unterhaltung. Auch wenn ich oft genug Gäste beobachte, die sich nichts zu sagen haben.

HABEN SICH DIE WÜNSCHE DER GÄSTE UND AUCH DIE ANFORDERUNGEN AN EINEN SOMMELIER IN DEN LETZTEN JAHREN DEUTLICH VERÄNDERT?

_____ **HANS HAAS:** Ich glaube schon. Die Gäste sind mittlerweile gut informiert. Sie wissen heute Bescheid, ob ein Wein fair kalkuliert ist oder nicht. Man kann das ja sofort nachschauen. Einige Gäste trinken zu Hause Weine, die haben manche Restaurants nicht. Trotzdem gehört ein guter Sommelier auch in Zukunft zur Dienstleistung in einem Spitzenrestaurant. Dem Gast gefällt, wenn der Sommelier ihn berät, ohne sich in den Vordergrund zu drängen. Sommeliers müssen also aufpassen, sich zurücknehmen und nicht abheben. Mehr Respekt vor dem Gast ist angesagt.

_____ **PAULA BOSCH:** Der Anspruch der Gäste im Bereich Kulinarik ist eindeutig gestiegen, und auch die Freude und das Interesse am Wein haben sich verstärkt. Die Kundschaft ist durch das Internet schneller und besser informiert, und wenn im Restaurant Fragen auftauchen, wird heute einfach mal schnell online nachgeschaut. Auch viele Sommeliers praktizieren das während des Service, täuschen damit aber Wissen vor, das sie eigentlich gar nicht haben. Allerdings sind die vielen Profis unter ihnen sehr souverän, das merkt man sofort. Mit dem Wissensstand von heute ist die Sommelerie in Summe sehr viel besser ausgebildet als vor 30 Jahren. Gustatorisch sind viele dafür ziemlich hinten dran, wenn man bedenkt, welche Weine meine Generation eingekauft, verkauft und probiert hat. Diese Weine liegen teils heute immer noch in den Kellern, stehen aber zu exorbitanten Preisen auf den Karten. Dass die Jungsommelerie von heute diese großen Klassiker, die nun mal die Weinwelt der Neuzeit ausmachen, auch verkauft, dürfte die große Ausnahme sein. Angesichts der derzeitigen Preise dürfte weder der Einkauf noch der Verkauf großer Weine in zehn Jahren leichter werden. Deshalb wage ich die Behauptung: Die Anforderungen mögen höher sein, sind im Verkostungsrahmen aber oft nicht mehr erfüllbar – leider.

THEMA RESPEKT: SIE WAREN 20 JAHRE IMMER PER SIE, BIS ZUR LETZTEN STUNDE. WAS WAR DER HINTERGRUND?

———— **HANS HAAS**: Durch diesen gewissen Abstand haben wir so wahnsinnig gut harmoniert. Heute sind alle gleich immer per Du. Die Wertschätzung beim Sie ist eine ganz andere. Wir waren gut befreundet, noch wichtiger aber war, dass wir uns geschätzt haben. Das

kommt heute in meinen Augen viel zu kurz. Man mag das altmodisch finden, aber es hilft und macht viele Dinge einfacher. Auch mit den Gästen haben wird das so gehalten, mit ganz wenigen war ich per Du. Für mich war das so ein bisschen ein Schutzschild.

———— **PAULA BOSCH**: Mir kommt manchmal schon die Galle hoch, wenn mich jemand duzt, der zwar meinen Namen kennt, wir uns aber ansonsten fremd sind. Noch sind wir nicht in einem englischsprachigen Land, wo das überhaupt keinen Unterschied macht. Bei uns klingt das einfach respektlos, und das stört mich. Wer mich in einer Mail in unserer Sprache duzt, wenn wir uns fremd sind, der kann auf eine Antwort lange warten.

AUF ZU NEUEN WEGEN: PAULA BOSCH UND TOHRU NAKAMURA

Er ist Ehrenbotschafter Japans für die Landesküche, war Koch des Jahres 2020 in Deutschland und ist fester Bestandteil der Münchner Spitzengastronomie: Zweisternekoch Tohru Nakamura. Der Sohn eines japanischen Vaters und einer deutschen Mutter hat ein unglaubliches Gespür für die asiatisch geprägte Philosophie, versteht aber auch, diese mit westlichen Aspekten zu kombinieren. Er hat bereits mit großen Namen wie Joachim Wissler im Vendôme in Bergisch Gladbach gearbeitet, war Sous-Chef bei Sergio Herman im Oud Sluis in den Niederlanden und hat auch im Restaurant Ishikawa in Tokio wertvolle Erfahrungen gesammelt – allesamt Dreisternerestaurants. Er vereint also das Beste aus beiden Welten. Zurück in München, erkochte er zwei Sterne für den Werneckhof und hat für sein Restaurant Tohru in der Schreiberei ebenfalls zwei Michelin-Sterne geholt. Er begeistert seine Gäste mit seiner modernen Herangehensweise an Produkte und Menüs und konnte auch Paula Bosch sofort von sich überzeugen.

BEI TOHRU IN DER SCHREIBEREI WERDEN DIE GESETZE DER KLASSISCHEN MENÜFOLGE NEU GESCHRIEBEN. WARUM REIHEN SIE FISCH, FLEISCH, ROHE UND WARME SPEISEN GANZ ANDERS ANEINANDER, ALS ES IN DER KLASSISCHEN MENÜFOLGE ÜBLICH IST? WIE KOMMT DAS BEI DEN GÄSTEN AN?

———— **TOHRU NAKAMURA**: Ich habe mir zu diesem Thema sehr viele Gedanken gemacht und einiges ausprobiert. Hier geht es sehr viel um Bekömmlichkeit. Wir in Europa tendieren immer dazu, mit einem rohen, leichten Fisch zu starten und gehen dann weiter im Menü. In der japanischen Küche kommt der rohe Fischgang, also der klassische Sashimigang, erst an Stelle vier oder fünf im Menü. Das heißt: Man hat schon mal ein warmes Gericht zu sich genommen und damit eine gewisse Grundlage im Magen. Deswegen servieren wir zum Beispiel eine warme, klare, sehr leichte Brühe, die auch von der Aromatik her sehr beruhigend ist, schon an dritter Stelle. Und erst an fünfter Stelle kommt unser roher Fisch.

———— **PAULA BOSCH**: Als Gast kann man nur davon profitieren. Wir sind nach einem zwölfgängigen Menü völlig unbeschwert aufgestanden und fühlten uns bestens. Der Effekt der Bekömmlichkeit, die Leichtigkeit der einzelnen Gänge, das ist fantastisch.

DAS FLEISCHGERICHT, IN IHREM FALL JAPANISCHES WAGYU, KOMMT ALSO VOR WEITEREN FISCHGÄNGEN. WIRD DAMIT NICHT DEM „HAUPTDARSTELLER" SEINE ROLLE GENOMMEN? WIE BEGLEITET MAN DAZU ALS SOMMELIER?

———— **TOHRU NAKAMURA**: Nein, ganz im Gegenteil. In Deutschland wird Fleisch oft als Hauptgang serviert, dann, wenn man eigentlich schon fast satt ist. Ich möchte das aber gerne an einer Stelle präsentieren, wo der Gast noch Appetit hat und es mit größerem Vergnügen zu sich nehmen kann.

MENÜFOLGE BEI TOHRU NAKAMURA

am 8. Janaur 2022

Oscietra, Auster, Kartoffel & Haselnuss

HOTATE SANDO
Jakobsmuschel, gerösteter Kombu & Piment d'Espelette

DASHI
Ma-Kombu, bretonischer Katsuobushi & Shiitake

SEEFORELLE
Bete, Yuzu & Wasabi

BALFEGÓ THUNFISCH
Kimizu, Rettich & Mohn

OZAKI WAGYU
Koshihikari, Aubergine & Myoga

SHUMAI
Sellerie, Chicorée, Marone & Jasmintee

STEINKÖHLER
milde Habanero, Encornet, Pilpil & Artischocke

AJI
Ochsenmark, Quitte & Topinambur

REH
Rücken Koji-gebeizt und Ragout, Anchovis, Douglasie & Lauchherz

ORIGINAL BEANS CRU UDZUNGWA
Ananas, Pumpernickel, Kalamansi & Pecannuss

„SÜSSE VIKTUALIEN VOM MARKT"

Und nach dem Wagyu-Rindfleisch bauen wir zum Beispiel eher einen gemüsebetonten Gang ein, oft komplett vegetarisch, um auch diese Schmelzigkeit und dieses Vollmundige des Wagyu wieder aufzufangen.

ES IST EINE BEWUSSTE ENTSCHEIDUNG, EIN SO TOLLES PRODUKT WIE DAS JAPANISCHE RINDFLEISCH EBEN NICHT IM KLASSISCHEN HAUPTGANG ZU SERVIEREN.

Denn irgendwann hat praktisch jeder in einem Menü mit dem Thema „herzhaft" abgeschlossen und tendiert dann eher zum Süßen. Deswegen möchten wir auch fast alle Desserts haben. Und wir sehnen uns ja immer nach einer Abwechslung am Gaumen. Wagyu im Hauptgang, das wäre wie ein letzter Hieb, und das wollten wir vermeiden.

———— **PAULA BOSCH:** Diese Reihenfolge ist auch im Nachhinein ganz klar nachvollziehbar. Ein reifer Meursault von Roulot hatte weder mit dem schmelzigen Wagyu noch

dem folgenden Gemüse oder dem Heilbutt mit mildem Habanero Probleme. Eine wunderbare neue Erfahrung.

IN EINEM MENÜ IST ALSO ABWECHS-LUNG GEFRAGT. MACHT DIESER WECH-SEL DEN UNTERSCHIED? UND KANN MAN AUCH DIE KLASSISCHE FOLGE BEI DEN WEINEN (WEISS-ROT) DEMENT-SPRECHEND ANPASSEN?

———— **TOHRU NAKAMURA:** Ja, genau. Klassische japanische Restaurants servieren Fisch und Fleisch auch teilweise im Wechsel und achten eher darauf, dass die Zubereitung des Gerichts zu der Stelle passt, an der es serviert wird. Intensiverer, beispielsweise gegrillter Fisch kommt erst viel später.
Klar serviert man nicht ein Steak in der Vorspeise, aber gebratene Gänseleber zum Beispiel kann durchaus im vorderen Menübereich vorkommen. Danach geht es weiter mit einem Gemüsegang. Dann kommt der eigentliche Fischgang und dann geht es über zu dem ersten herzhafteren Gang, bevor wir zum Hauptgang kommen. So ist unsere Menüstruktur aufgebaut.

———— **PAULA BOSCH:** Durch die angepasste Zubereitungsart und die dezente Würzung hat sich der Wein in unserem Fall dem Produkt problemlos angepasst. Davon aber abgesehen, habe ich es im

Lauf meiner Praxisjahre gelernt, im Wechselspiel Weiß- und Rotweine zu trinken, also auch nach Rotweinen wieder zu Weißwein zu wechseln. Das erfrischt einen belasteten Gaumen sogar sehr.

DIE GASTRONOMIE VERÄNDERT SICH UND WIRD ES AUCH WEITERHIN TUN. WAS HALTEN SIE BEISPIELSWEISE DAVON, WENN KÖCHE AUS DER KÜCHE KOMMEN, UM IHR ESSEN ZU SERVIEREN?

_____ **TOHRU NAKAMURA:** Finde ich ein ganz gefährliches Thema. Ich sage es immer wieder: So sehr Gäste es schätzen, wenn jemand in Kochmontur an den Tisch kommt und sein Gericht erklärt, so sehr ist es auch ein extrem zweischneidiges Schwert. Wenn wir Köche das so weitermachen, dann werden wir irgendwann alleine dastehen, weil wir den Service damit in seinen Kompetenzen beschneiden.
Irgendwann fragt sich ein Kellner natürlich: Was mache ich hier eigentlich dann noch? Im Hintergrund die Gläser und Teller polieren, im Restaurant staubsaugen und Tische eindecken? Das ist nicht wirklich das, wofür ein ambitionierter Servicemitarbeiter brennt. Wenn man ein Tresen-Konzept möchte – okay. Dann müssen wir als Köche aber auch eine andere Kompetenz mitbringen, nämlich Getränkekenntnis. Ein Sushi-Koch in Japan, der nebenbei auch den Sake serviert, ist natürlich etwas anderes. Aber für das klassische Restaurantkonzept mit der örtlichen Trennung von Speisesaal und Küche braucht es ein Bindeglied, das die Philosophie des Hauses verinnerlicht hat und aus der Küche in den Saal transportiert. Und dazu muss der Service ein Teil des Ganzen sein.

_____ **PAULA BOSCH:** Mir hat sich diese Praxis ohnehin nicht erschlossen.

DER EINZIGE FÜR MICH ZULÄSSIGE GRUND, DASS KÖCHE AN DEN TISCH KOMMEN, IST AUS HÖFLICHKEIT, UM DIE GÄSTE ZU BEGRÜSSEN UND IHNEN DIE MÖGLICHKEIT ZUR BEKANNTSCHAFT ZU GEBEN.

Die Gäste wären begeistert, aber dem Service wären Arbeit und Würde belassen. That's it. Nicht mehr und nicht weniger – und bitte nur in sauberer Garderobe!

_____ **TOHRU NAKAMURA**: Bei unseren Gästen ist die Affinität für Sake schon sehr groß. Man muss da aber differenzieren, denn wir ziehen natürlich automatisch Gäste an, die dafür offen sind und etwas entdecken möchten. Ich finde es außerdem wichtig, dass Sakes importiert werden, die dem europäischen Gaumen angepasst sind. Nicht jeden kann man einfach so eins zu eins abholen. Und wir dürfen nie vergessen, dass der Gaumen sich akklimatisieren muss. Wir servieren Sake übrigens nicht in kleinen Bechern, sondern in Weingläsern. Zum einen, damit sich sein Bouquet entfalten kann, aber auch, um die Annäherung an die andere Kultur zu erleichtern. Wein zu trinken sind die Europäer gewohnt, deswegen macht ein Glas für sie die erste Berührung mit einem neuen Getränk einfacher. So entdeckt man Neues in gewohnten Gefilden. Das funktioniert sehr gut.

_____ **PAULA BOSCH**: Mein nächster Abend mit Sake-Begleitung ist gebucht. Erfahrung darin habe ich bislang keine nennenswerte.

SOMMELIER, DIESER BERUF IST KEINE ONE-MAN-SHOW: PAULA BOSCH UND AXEL BACH

Er ist Gastgeber vom Scheitel bis zur Sohle: Axel Bach, ehemals Präsident des Kulinarik & Kunst-Festivals in St. Anton am Arlberg, ist mit Leib und Seele immer das, was er gerade machte. Mal Kellner, mal Koch, mal Bankettmanager, mal Gastgeber und Organisator. Er lernte Kellner und Koch von der Pike auf und durfte bei Staatsbanketten auch die Reichen und Schönen bedienen – Fürsten und Könige, aber auch Schauspielerstars wie Jean-Paul Belmondo, Charlton Heston und Brigitte Bardot. In Münchens Gourmetrestaurants der 1980er-Jahre wie Aubergine, Käfer oder Tantris erlebte Bach alles, was zu jener Zeit hip war. Mit Hans-Peter Wodarz und in Kooperation mit dem Cirque du Soleil leitete er die erfolgreiche Dinnershow „Pomp Duck and Circumstance". Die Geschichten, die er aus all den Jahren erzählen kann, würden sich auch als Drehbuch für einen Blockbuster eignen. Heute ist Bach Besitzer des 2011 neu errichteten Fünfsterne-Superior-Hotels Tannenhof in St. Anton, in dem Paula Bosch den Inhalt

des Weinkellers verantwortet. Nebenbei führt er einen landwirtschaftlichen Betrieb mit Weinbau, Olivenöl, Artischocken und Co. in der mittelitalienischen Region Marken. „Axels Verständnis für seine Mitarbeiter und sein Verhältnis zu ihnen ist für mich beispielhaft in der Branche," findet Paula Bosch. „Sein Einblick, Weitblick und das Talent, sie zu managen, bewundere ich seit vielen Jahren."

WELCHE ANFORDERUNGEN STELLEN SIE ALS PATRON EINES RESTAURANTS AN EINEN SOMMELIER?

———— **AXEL BACH:** In erster Linie sollte ein Sommelier Teammitglied der Brigade sein und ein gepflegtes Miteinander mit den anderen Servicemitgliedern leben. Sommelier ist keine One-Man-Show. Ohne Frage ist das fachliche Wissen die Basis, doch auch ein guter Umgang, die Kommunikation und der Respekt vor Gästen, Kollegen und dem Arbeitgeber sind ein Muss!

———— **PAULA BOSCH:** Wer seine Lehre als Kellner mit einem sehr guten Abschluss gemacht und zusätzlich eine Ausbildung als Sommelier absolviert hat, benötigt immer noch ein paar Jahre Praxis in guten Restaurants, bis er als Chef eine eigene Abteilung leiten kann. Ein langer Weg, der Zeit in An-

spruch nimmt, aber heute längst nicht mehr überall praktiziert wird, auch nicht in den besten Betrieben. Ich erinnere mich an das Beispiel eines Sternerestaurants, wo die Sommelerie nach mehreren Weißweinen auch noch zum Wild im Hauptgang einen Le Montrachet empfehlen wollte, weil ihr offensichtlich nicht bekannt war, dass es sich bei diesem sündteuren Wein um einen Weißen handelt. Gut, dass ihr rechtzeitig aus der Patsche geholfen wurde.

> **„ICH BIN SOMMELIER", BEHAUPTEN HEUTE VIELE, OHNE ZU REFLEKTIEREN, DASS DIESE PROFESSION SEHR VIELE JAHRE DER ERFAHRUNG, ZEIT DES LERNENS UND PROBIERENS ERFORDERT.**

GLAUBEN SIE, DASS EIN SOMMELIER SICH SELBST AUF DER PAYROLL EINES GASTRONOMIEBETRIEBS FINANZIEREN KANN?

———— **AXEL BACH:** Grundsätzlich finde ich nicht, dass dies der Ausgangspunkt sein sollte. Eher geht es doch darum, den Gästen, die heute um einiges erfahrener sind, ein Ratgeber (und über einen längeren Zeitraum auch ein Vertrauter und zuverlässiger Partner) zu sein. Ja, man kann mit einem Sommelier seinen Weinverkauf erhöhen. Einen Sommelier aber nur dann einzustellen, wenn dieser sich selbst durch den Verkauf finanziert, ist der falsche Ansatz.

_____ **PAULA BOSCH**: Persönlich glaube ich sogar, dass er sich selbst finanzieren muss. Es hängt aber von der Größe des Restaurants ab, also wie viele Sitzplätze es gibt, wie die Auslastung ist, ob Mittagsservice geboten wird. Hier hat ein Sommelier die Chance, mit unterschiedlichen Konzepten (auch Weinverkäufen außer Haus) sehr wohl wenigstens seinen eigenen Lohn zu erwirtschaften. Zusätzliche Möglichkeiten wären Weinproben und Weinkurse; das bindet die Gäste ans Haus, was letztendlich wieder Umsätze generiert.

SEHEN SIE EINE ZUKUNFT FÜR DIE SOMMELERIE IN EINEM HOTEL MIT EINEM GASTRONOMIEKONZEPT UNTERHALB DER STERNEKÜCHE?

_____ **AXEL BACH**: Ja, natürlich, aber es ist immer davon abhängig, ob der Patron eine solche Position auch erlaubt. Insbesondere in klassisch familiengeführten Häusern wissen ja alle immer alles besser, haben selbst die notwendigen

tollen Kontakte und halten eine Sommelier-Position für überflüssig.

_____ **PAULA BOSCH**: Das trifft leider oft den Nagel auf den Kopf. Mir ist das völlig unverständlich, weil in Deutschlands Gastronomie das Geld in erster Linie mit den Getränken verdient wird.

IST ES AUCH IN FERIEN- UND SAISONBETRIEBEN ODER URLAUBSHOTELS SINNVOLL, TEURE WEINE WIE GRANDS CRUS UND CO. ANZUBIETEN? UND WELCHE KLIENTEL IST DAFÜR ZU BEGEISTERN?

_____ **AXEL BACH**: Das ist zwar abhängig von der Klientel, aber „teure Weine" heißt ja nicht automatisch auch gleich „sehr gute Weine" … Der Trend geht dahin, dass Restaurants in großen Städten wie New York oder London geradezu astronomische Preise aufrufen, und das gilt auch für die Tophäuser mit angeschlossenen Hotels in Urlaubsorten. Es wird in Zukunft eine große Selektion in diesem Bereich geben; in Sternehäusern wird ein Menü bald nicht mehr für unter 800 bis 900 Euro zu bekommen sein. Selbstredend ohne Getränke! Häuser wie das Masa in New York verlangen heute schon 950 US-Dollar plus Steuern, das Ciel Bleu in Amsterdam 660 Euro. Diese Preise werden zur Regel werden. Hingegen wird es die heutige Drei- bis Viersternehotellerie, und sei die gastronomische Leistung noch so gut, sehr schwer haben zu überleben. Betriebe wie in England das Beaverbrook Estate verzichten zur Gänze auf einen Sommelier, weil die Weinkarte ohnehin nur Flaschen zu Preisen oberhalb der 1000-Pfund-Marke aufweist. Solche Konzeptionen ziehen natürlich auch eine finanzstarke Klientel an, die nicht mehr – wie vor 30 oder 40 Jahren – lernen möchte, sondern „schon alles kennt". Da spielt Geld keine Rolle mehr, sodass sich die teuren Weine von selbst verkaufen.

——— **PAULA BOSCH:** Aus Erfahrung weiß ich, dass in Saisonbetrieben gern sehr gut gegessen und getrunken wird. Man hat ja Zeit und Muße. Dafür werden Konzepte entwickelt, für die aber keine Sommeliers nötig sind. Hinzu kommen zahlungskräftige Gäste aus der ganzen Welt. In Europas High-End-Restaurants werden die Sommeliers vermutlich aussterben, weil sie die sündteuren Weine, die dort konsumiert werden, aktuell vor dem Verkauf nur noch selten probiert haben und deren Geschmack gar nicht mehr beschreiben können. Einkäufe werden in Einzelflaschen zugeteilt usw. Produktinfos gibt es in Hülle und Fülle im Internet. Große Weinproben, wie sie in der Vergangenheit zelebriert wurden, werden nur

noch den Reichen zugänglich sein. Die beliebten Wein-Pairings werden überflüssig, weil alles erlaubt sein wird. Für die teuren Klassiker – Grands Crus von Latour bis La Tache, Masetto bis Vega Sicilia, Champagne Krug bis Roederer Cristal – ist kein Sommelier mehr nötig. Wohl aber für die unendlich vielen guten Weine der Mittelklasse in Weinbars, Vinotheken und im Fachhandel.

SOLLTEN BEI RESTAURANTBEWERTUN-GEN SOMMELIER, WEINANGEBOT UND SERVICE BERÜCKSICHTIGT WERDEN?

——— **AXEL BACH:** Unbedingt und fraglos, ja! Die Qualität vieler Restaurantguides hat ja enorm nachgelassen, auf Sommelerie und Service wird leider kaum noch eingegangen. Selbst die Einrichtung eines Lokals wird als nebensächlich betrachtet. Dabei ist doch das Essen außer Haus ein Erlebnis für alle Sinne. Und deshalb gilt beiden nicht nur Dank, sondern Applaus.

——— **PAULA BOSCH:** Nach meiner Auffassung sollte das selbstverständlich sein, ebenso wie der Service. Das erwarte ich als Information eines jeden Restaurantführers. Ich will als Gast doch wissen, auf was ich mich bei einem Besuch einlasse. Die Qualität und Leistung der Küche sind längst nicht mehr allein entscheidend.

PAULA
BOSCH
ÜBER ...

_____ TRINKGELD – FRUST IST
VORPROGRAMMIERT

Ein Sommelier gehört in einem Restaurant ganz klar zur Servicemannschaft,
auch wenn manche das vielleicht anders
sehen möchten. In der Küche hat er
jedenfalls keinen Platz. Und er steht
auch nicht allein auf weiter Flur. Nein,
ein Sommelier „kämpft" grundsätzlich
auf der Seite des Service. Und dieser
„Kampf", also der größte Konflikt zwischen den Parteien in einem Restaurant, liegt nicht nur im Zeitdruck. Es ist
die Trinkgeldfrage, die die Lager häufig
spaltet. Der alte Spruch „beim Geld
hört die Freundschaft auf" gilt auch
für Kolleginnen und Kollegen – und
vor allem für das tägliche Miteinander

zwischen „K und K", zwischen Kellnern
und Köchen.

Gastronomie ist eine Gemeinschafts-
leistung, dennoch wird der Gast in
den meisten Fällen den Kellnern das
Trinkgeld spendieren. Die Köche gehen
oft leer aus oder bekommen nur einen
geringen Anteil, und auch der Sommelier, selbst wenn er zum Serviceteam
gehört, hat nicht selten das Nachsehen.
Der Erfolg eines Hauses ruht aber auf
allen Säulen – ungerechte Vertei-
lung sorgt zwangsläufig für schlechte
Stimmung. Ich habe es selbst erlebt,
dass ich jahrelang den mir zustehenden
Anteil am Trinkgeld einfordern musste.
Schließlich habe ich mit meinem Wissen, meinem Engagement und meiner

Arbeitsleistung nicht nur für besten Umsatz, sondern auch für ein ganz besonderes Wohlbefinden der Gäste gesorgt. Kein schönes Thema, aber es gehört zu diesem Berufsalltag und muss rechtzeitig im Betrieb geklärt werden.

_____ WO BLEIBEN DIE STERNE FÜR DEN SERVICE?

Die Bewertungen in der Gastronomie werden längst nicht mehr ausschließlich von Profis vorgenommen, und die wenigen, die es wirklich gibt, kennt man im Lauf der Jahre. Dementsprechend (un)zuverlässig sind die Bewertungen. Viele Restaurants haben Probleme – die finanziellen Ressourcen waren schon immer knapp, und dann kam auch noch Covid hinzu. Vieles liegt im Argen in unserer Branche. Inzwischen servieren die Köche ja schon selbst, was die Mitarbeiter im Service völlig zu Handlangern und Statisten degradiert. Dass die Gastronomie ein Personalproblem hat, pfeifen die Spatzen von den Dächern. Kaum noch ein Mensch kann in der

heutigen Zeit auch nur irgendetwas Attraktives am Kellnerberuf entdecken. Und wenn dann noch eine altehrwürdige Institution wie der Guide Michelin den Service nach wie vor nicht beachtet, teilweise sogar komplett ignoriert, dann ist da mehr als nur der Wurm drin. Vielleicht müsste man mal eine Aktion auf den sozialen Kanälen starten, um das Michelin-Manderl wachzurütteln. Wie gut, dass es noch andere Institutionen wie den Gault & Millau gibt, die für einen guten Service und die Sommelerie eine Lanze brechen.

GÄSTE

DER SOMMELIER UND SEINE GÄSTE

„WO IST SIE DENN, DIE WEIN-TANTE?"

DER GAST – GRUND DAFÜR, WARUM ICH ÜBERHAUPT SOMMELIÈRE GEWORDEN BIN

_____ Es ist nur der Bruchteil einer Sekunde. Diese erste Begegnung, in der man alles herausfinden muss: Was will dieser Mensch heute von mir? Was sind seine Wünsche? Mit welchem Wein kann ich ihm eine Freude bereiten? Nichts scheint in diesem Moment für mich wichtiger als diese Fragen. Darin liegt das einfache Geheimnis meines Berufs: Wenn ich jemandem einen Wunsch erfülle, dann ist er in der Regel dankbar und glücklich. Als Sommelière in einem Restaurant war auch das immer meine Aufgabe: den Gast zufriedenzustellen.

_____ Und das fing manchmal schon bei der Begrüßung an, sofern ich in der Nähe stand. In diesen ersten Augenblicken, in denen die Gäste zum Tisch geführt wurden, erkannte ich oft schon, ob es sich um Geschäftspartner oder eine Familie handelte, ob sich Freunde oder Verliebte trafen. Das hatte mich persönlich in meiner vertrauensvollen Position zwar nicht zu interessieren, aber mit diesem Wissen über die Konstellation am Tisch änderte sich entsprechend auch meine Rolle.

„DARIN LIEGT DAS EINFACHE GEHEIMNIS MEINES BERUFS: WENN ICH JEMANDEM EINEN WUNSCH ERFÜLLE, DANN IST ER IN DER REGEL DANK- BAR UND GLÜCKLICH."

PAULA BOSCH

Denn: Ein Sommelier kann unterhalten oder sich zurückhalten, für Entertainment sorgen oder sich völlig in den Hintergrund stellen. Je nachdem, wie es zur Situation passt.

_____ Wie es mir selbst dabei ging, war unbedeutend. Ich hätte mir niemals anmerken lassen, ob ich einen guten oder einen schlechten Tag hatte. Selbst wenn ein Mitglied in der Familie verstorben wäre: Private Probleme haben auf dieser Bühne keinen Platz. Mich daran zu halten war ein wesentlicher Teil meines Berufs. Das klappte meistens gut – dafür ist man ja schließlich Profi –, aber manchmal kam es doch vor, dass ich an einem Tisch mit den Gästen viel zu lange über Privates quasselte.

BESONDERS MOTIVIEREND AN MEINEM BERUF WAR FÜR MICH DIE TATSACHE, DASS ICH DEN GROSSTEIL DER GÄSTE AUF ANHIEB SYMPATHISCH FAND.

So war die Arbeit meist ein tägliches Vergnügen für mich, keine Last oder gar Mühe. Mir begegneten viele Menschen, die sich für gutes Essen und Trinken interessierten und ganz besonders auch am Wein Freude hatten. Neugierig kamen sie ins Restaurant, voller Erwartungshaltung, was sie denn bei diesem besonderen Besuch alles erleben würden. Mich um das Wohlergehen dieser Menschen zu kümmern liegt mir im Blut. Ich konnte innerhalb kürzester Zeit spüren, wie die Gäste gestimmt waren, ob sie gute oder schlechte Laune hatten, ob sie zum ersten Mal zu uns kamen oder „Wiederholungstäter" waren. Dieses Talent trug zu einem beachtlichen Teil zu meinem beruflichen Erfolg bei. Das kann keiner lernen, das hat man in die Wiege gelegt bekommen.

_____ Immer wieder hatte ich es aber auch mit Leuten zu tun, für die Höflichkeit ein Fremdwort war. Sie hatten keinen Respekt vor anderen Menschen und deren Leistung und wussten offenbar nicht einmal, wie man sich als Gast zu benehmen hatte. Dabei geht es mir nicht darum, ob jemand 30 oder 300 Euro für eine Flasche Wein ausgeben will oder eine Ahnung von Wein hat. Doch den Respekt und die Wertschätzung, die ich anderen entgegenbringe, möchte ich bei meiner Arbeit gerne auch selbst erfahren.

_____ Ein guter Gast ist für mich ein Mensch, der bereit ist, sich auf das Genusserlebnis im Restaurant einzulassen, das er sich schließlich ausgesucht hat.

ICH MÖCHTE ABER NICHT, DASS MAN MIR NACH DEM MUND REDET, ALL MEINEN EMPFEHLUNGEN IMMER HUNDERTPROZENTIG FOLGT ODER GAR MIT MIR „KUSCHELN" WILL.

Nein. Mir geht es darum, dass ein Gast weiß, dass nicht alles, was er im Paket „Service" geliefert bekommt – insbesondere, wenn es um Herzblut geht –, eine Selbstverständlichkeit ist und er deshalb grundsätzlich bereit sein sollte, das Gebotene zu genießen.

DIE ABRECHNUNG MIT DER WEIN-TANTE

_____ 20 Jahre habe ich im Tantris gearbeitet, und natürlich gab es in dieser Zeit auch einige skurrile Begegnungen. Einmal, an einem Samstagmittag, war das Tantris bis auf den letzten Platz ausgebucht wie fast immer an diesem Tag. Ich hatte gut zu tun und bemerkte sie zunächst gar nicht: Ein Ehepaar im fortgeschrittenen Alter kam herein, wobei die Dame den Kollegen am Empfang ignorierte und sich gleich mitten im Restaurant aufbaute. Die Arme in den Hüften gestemmt, blickte sie sich suchend um und rief: „Wo ist sie denn?"

_____ Ein Kellner war schnell an ihrer Seite. „Gnädige Frau, bitte, wie kann ich Ihnen helfen." – „Ja, wo ist sie denn, die Wein-Tante?" – „Wie bitte? Meinen Sie unsere Sommelière, Frau Bosch?" – „Ja, die Wein-Tante eben! Mit ihr habe ich sofort etwas zu bereden."

_____ Ich servierte unweit entfernt einen Wein, bekam aber schon mit, was da vor sich ging, und war alsbald zur Stelle. „Guten Tag", sprach ich sie vorsichtig an. „Kann ich Ihnen vielleicht irgendwie helfen?"

_____ „Sind Sie die Tante, die diese Kolumne für die Süddeutsche Zeitung schreibt?", fragte sie mich mit lauter Stimme. „Also das eine sag ich Ihnen gleich, noch bevor wir uns setzen: Das mit Ihrer Schreiberei,

143

das muss endlich aufhören, und zwar sofort! Oder haben Sie etwa vor, diese Anpreiserei von Weinen Woche für Woche in der Zeitung fortzuführen?"

_____ Ich war perplex. Derart unverblümt war ich noch nie von einem Gast angegangen worden und schon gar nicht von einem Leser meiner wöchentlichen Kolumne im SZ-Magazin. Ich wusste, dass viele Menschen diese Rubrik gerne lasen – oft waren nur Stunden nach Erscheinen der Ausgabe die besprochenen Weine ausverkauft.

_____ „Das muss aufhören", blaffte mich die Dame an. Ihr Gatte war inzwischen auch bei uns angekommen. „Mir reicht es langsam! Jeden Freitag stürmt der Alte", sie nickte in Richtung des unglücklich dreinschauenden Mannes neben ihr, „zum Postkasten, reißt die Zeitung raus und verschlingt geradezu diese Kolumne. Und schon bestellt er den nächsten Karton Wein! Also bitte, hören Sie auf damit! Ich habe im Keller keinen Platz mehr, bitte keine Kolumne, keine weiteren Weinbestellungen, bitte!" Das kam schon fast flehentlich.

_____ Langsam begriff ich, was sie von mir wollte. Ihr Keller platzte aus allen Nähten – aber wie sollte ich ihr helfen? Ich habe natürlich noch über Jahre weitergeschrieben. Das Paar kam nie wieder.

WOZU BRAUCHT IHR NACH 20 JAHREN TANTRIS EINE FRAU BOSCH?

_____ Als ich 1991 ins Tantris kam, stand das Restaurant kurz davor, seinen 20. Geburtstag zu feiern. Und ich sollte weitere 20 Jahre dort verbringen, was überhaupt nicht geplant war. Dabei musste ich mir anfangs meine Position dort hart erkämpfen, und nicht mal in erster Linie deshalb, weil ich eine Frau war.

_____ Das Tantris zählte schon damals zu den wenigen Lokalen in Deutschland, die mit einem dritten Stern im Guide Michelin ausgezeichnet worden waren. Es war der kulinarische Tempel der Republik, für dessen Ruhm und Glanz ab 1971 kein Geringerer als der große Eckart Witzigmann verantwortlich war. Dieser Jahrhundertkoch hat die deutsche Kulinarik-Szene geprägt wie kein anderer, und auch ich verdanke ihm viel. Hat er doch über Jahre im SZ-Magazin meine Weinkolumne mit seinen Rezepten begleitet und ihnen dadurch noch mehr Glanz verliehen.

_____ Heinz Winkler folgte 1978, er holte den dritten Stern im Guide Michelin. Im Sommer 1991 übernahm Hans Haas, und ich folgte im Oktober des gleichen Jahres als erste Sommelière im Tantris.

DAMALS STANDEN IN DEUTSCHLAND IMMER DIE LEISTUNGEN DER KÜCHE IM VORDERGRUND, DER WEIN WAR BEIWERK UND DIENTE IN ERSTER LINIE ALS UMSATZTRÄGER.

_____ Und dann als Spaßmacher, besonders, wenn man genügend davon konsumierte. Außer Erwein Graf Matuschka-Greiffenclau vom Schloss Vollrads dachte in der Zeit noch niemand an punktgenaue Kombinationen von Weinen und Speisen oder an glasweise Weintipps zu den großen Spezial- und Tagesmenüs. Damals trank man flaschenweise und nur zur Not auch mal eine halbe Bouteille.

_____ In meinen beiden Stationen vor dem Tantris, der Bergischen Stube in Köln und dem Victorian in Düsseldorf, war ich als Sommelière zwar sehr erfolgreich gewesen, aber für den glasweisen Ausschank großer Weine war die Zeit noch nicht reif. Angesagt waren Pouilly-Fumé, Chablis, Sancerre, Edelzwicker und Beaujolais – das waren meine ersten Gegner, weil ich ja viel mehr zu bieten hatte. Champagner, Burgunder und Bordeaux galten damals als die Weine für Kenner.

_____ Der prall gefüllte Keller des Tantris konnte dem unbändigen Durst der Gäste schon standhalten, doch dazu bedurfte es einer Person, die sich mit Fingerspitzengefühl und fachlicher Kompetenz im Fulltime-Job damit beschäftigte. Abertausende Flaschen aus Europas Regionen, vor allem aus Frankreich, unzählige Winzer, Rebsorten, Jahrgänge warteten auf ihre Bestimmung.

_____ Die Freude des Hausherrn Fritz Eichbauer am Einkauf war nicht nur dem Servicepersonal, sondern auch dem Restaurantdirektor über den Kopf gewachsen – von dem riesigen Kapital, das hier gebunden wurde, mal ganz abgesehen. Und dann kam ich am 1. Oktober 1991.

_____ „Brauchen wir das?" – „Eine was? Eine Sommelière?" – „Wozu brauchen wir jetzt jemanden, der uns etwas über Wein erzählt? Das kann doch der langjährige Restaurantchef, Peter Kluge, in bewährter

Weise weitermachen." – „Oh je, und dann noch eine Frau …", haben sich einige gedacht. Manche leise, andere laut und deutlich. Hinzu kam die grantige Art der Bayern, die ich erst verstehen lernen musste. Nein, es war kein leichter Start. Ich vermisste die fröhliche Natur der Rheinländer schon in meinen ersten Arbeitswochen.

_____ Doch ich brachte sie alle auf meine Seite – na ja, fast alle. In gar nicht allzu langer Zeit änderte sich ihre Denkweise. Die Gäste fingen an zuzuhören und meinen Rat anzunehmen, nach einer gewissen Zeit vertrauten sie mir fast blind. Ich bot immer erstklassige Weine an und verkaufte in gewisser Weise Erlebnisse mit, oft zu einem günstigen Kurs, mit dem keiner rechnete – spätere Bluechips in Sachen Wein, die damals zwar noch längst keine waren, aber mit ihrer Qualität überraschten und überzeugten.

_____ Manche Gäste waren regelrecht gierig nach meinen Tipps, wollten ständig wissen, was es von meinen Reisen Neues gab. Sie kamen immer regelmäßiger, und viele bestellten ohne „Frau Bosch" oder „Paula" überhaupt keinen Wein. Sie vergewisserten sich schon bei der Reservierung, ob ich denn an diesem Termin auch im Restaurant sei; andere hielten mich oft viel zu lange am Tisch fest, stellten Fragen über Fragen.

DER WEIN BEKAM DURCH MEINE ARBEIT AN DEN GÄSTEN EINEN NEUEN STELLENWERT

_____ Durch die Medien, insbesondere die aufkommenden Food- und Weinmagazine, wurde unter den interessierten Feinschmeckern die Neugier am Wein geweckt, und da konnte ich mit meinem bereits vorhandenen Wissensschatz natürlich helfen. Gleichzeitig konnte ich mich selbst weiterbilden. Meine Arbeitswut griff auch auf die Freistunden über, die mit dem Studium der Weinliteratur von Hugh Johnson und Jancis Robinson bis Jens Priewe und natürlich Robert Parker ausgefüllt wurden. Dazu kamen wunderbare Preislisten von Handelshäusern wie Segnitz und Albert Reichmuth, so umfangreich wie ganze Kompendien und als Informationsquelle unbezahlbar. Damit war ich bestens informiert und bereit sowohl für ausführliche Fachgespräche als auch für Small Talk über Wein.

_____ In jeder freien Stunde war ich zudem auf Achse, suchte nach Tipps für den Einkauf: was, wie, wo und wann, wozu. Ich reiste durch

die gesamte Weinwelt, lernte die Crème de la Crème der Branche kennen. Bei der Beratung am Tisch kam ich mir fast wie ein wandelndes Lexikon vor, versuchte zu informieren, ohne dabei belehrend zu wirken.
––––– Wenn ich heute in Restaurants sitze und meine Ohren spitze, wünsche ich mir oft, Gespräche dieser Art wieder häufiger zu hören. Gleichzeitig stelle ich zu meiner großen Freude fest, dass sich immer mehr Jungsommeliers in ihrer Freizeit enorm engagieren und sich nicht nur theoretisches Fachwissen aneignen, sondern sich mit ihren Kollegen austauschen, in den Restaurants auch selbst essen und sich gegenseitig treffen, um gemeinsam große Weine zu probieren. Sie teilen ihre Schätze und haben großen Spaß dabei. Learning by drinking, das imponiert mir.

––––– Mir ist im Tantris bei unseren zahlreichen jungen Gästen immer wieder aufgefallen, dass viele von ihnen ein überdurchschnittliches Interesse an sehr guter Küche hatten. Und nicht nur das: Sie setzten sich auch sehr gern näher mit Wein auseinander, waren neugierig und offen für jedes Experiment. Ich habe das dann auch in vielen Situationen genutzt und ein Glaserl zu einem Gang spendiert, einfach mal so zum Verkosten. Große Freude und Dankbarkeit waren mir gewiss.

„STEINBUTT A LA TASCH" ODER: WIE KOMMT DER FISCH INS THEATERTASCHERL?

––––– Zurück zu den Tantris-Erlebnissen: Unvergessen bleibt ein hochbetagtes Pärchen, das zu einem Event kam, bei dem Hans Haas und ich der Presse vorgestellt werden sollten. Es war eine lange Tafel gedeckt, Hans Haas hatte ein Spezialmenü vorbereitet und fein säuberlich eine Menükarte mit den korrespondierenden Weinen dazu geschrieben. Schon eine Viertelstunde vor der Öffnungszeit standen die beiden ungeduldig vor der Tür. Sie kamen direkt von einer Weinprobe, waren wohl hungrig und hielten Ausschau nach den besten Plätzen am Tisch. Folgerichtig setzten sie sich ans obere Ende der Tafel, von wo sie den ganzen Raum überblicken konnten.
––––– Bald wurden die ersten Gänge serviert und jeweils vom Chef der Station ausführlich angekündigt, sodass die Gäste wussten, was da vor ihnen auf den Tellern lag. Beim Fischgang, es war ein Steinbutt in Champagnersauce und schwarzen Trüffeln, war es dann so weit:

Die Dame, inzwischen gut betrunken, wähnte sich am Kopf der Tafel in Sicherheit – nicht ahnend, dass ich zum Nachschenken hinter ihr stand.

SIE ÖFFNETE DIE KLEINE SCHWARZE TASCHE, DIE AUF IHREN KNIEN BEREIT LAG, UND NIX WIE WEG WAR ER, DER STEINBUTT SAMT BEILAGE. EINFACH IN DIESEM THEATERTASCHERL VERSCHWUNDEN, DAS SIE SCHNELL ZUKLAPPTE UND HINTER IHREM RÜCKEN VERSCHWINDEN LIESS.

Ein Ober, der den Vorgang wie ich beobachtet hatte, änderte in Sekundenschnelle den Text zu seiner Ansage dieses Ganges und stellte ihn wie folgt vor: „Steinbutt, Turbot à la Tasch, mit schwarzen Trüffeln, serviert auf Champagnersauce mit Selleriepüree". Ein unvergesslicher Vorfall, an den ich mich oft amüsiert erinnere.

WOHIN MIT DEM GANZEN HONORAR?

_____ Ein sehr netter Stammgast, der oft spät kam, genoss die Möglichkeit, an einem der kleinen Tische alleine zu sitzen, genussvoll zu essen und zu trinken, entspannt dabei ein Buch zu lesen oder gar Texte zu korrigieren. Zum Apero bestelle er meist den berüchtigten Tantris-Cocktail, oft waren es auch zwei – ein Knaller! Für einen Schwips reichte in jedem Fall schon einer, aber er liebte ihn.

_____ Irgendwann an einem schönen Sommerabend flüsterte er mir ins Ohr: „Frau Bosch, Sie haben doch auch diesen Petrus im Keller, sie wissen schon den roten, den sündteuren Franzosen?" – „Ja, natürlich, sogar in unterschiedlichen Jahrgängen", gab ich zur Antwort.

_____ „Okay, bringen Sie mir einen guten, nicht unbedingt den teuersten, aber ich habe heute ein gutes Honorar bekommen, und diesen Wein wollte ich schon immer mal probieren. Ich bin ja heute ohne Familie hier, da bietet sich das an. Nächste Woche trinken wir dann wieder den Üblichen, Sie wissen schon, den Beaujolais. Die Bande versteht ja nichts von Wein."

_____ Als Weinexperte war mir dieser Gast bisher nicht aufgefallen gewesen, aber ich holte ihm natürlich eine Flasche, die er ohne Brimborium, also nicht dekantiert, gleich nach seinen Cocktails trinken wollte. Das große Menü wurde zügig serviert, und er genoss es ebenso zügig wie die Flasche Petrus, sichtbar glücklich und zufrieden mit der Welt.

_____ „Also dieser Wein war wirklich grandios, vielen Dank Madame Bosch. Und dabei gar nicht mal so teuer", verabschiedete er sich von mir. „Meinen Sie, ich könnte davon vielleicht drei Flascherl mit nach Hause nehmen? Mein Honorar, Sie wissen …" Ja, ich wusste, vor allem aber wusste ich, dass dieser Herr immer mit dem Fahrrad kam, und jetzt, nach Cocktails und einer Flasche Wein intus, hatte ich ein klein wenig Bedenken. Ich bot ihm an, den Wein nach Hause liefern zu lassen, doch er bestand auf unmittelbarer Aushändigung und rauschte mit den drei Flaschen Petrus in einem Karton auf seinem Fahrrad davon. Sein Honorar war offensichtlich fürstlich.

_____ Monate später, als er mal wieder alleine zu Gast war, erzählte er mir voller Stolz: „Frau Bosch, wissen Sie, seit Sie mir diesen Petrus mit nach Hause gegeben haben, bin ich daheim endlich als Weinkenner anerkannt. Früher wurde ich für einen ahnungslosen Geizkragen gehalten, aber seitdem ich diesen Wein immer wieder unseren staunenden Gästen vorzeigen kann, haben alle Respekt vor meinen Weinkenntnissen."

DIE VERWECHSELTE FLASCHE – EIN SÜNDHAFT TEURES VERGNÜGEN

_____ Ich könnte unzählige von diesen Geschichten erzählen, schließlich hat man es in der Gastronomie täglich mit neuen Menschen zu tun und dadurch auch täglich mit neuen Ereignissen. Besonders beeindruckt hat mich bei einem Vorfall, mit welcher Großzügigkeit mein Chef Fritz Eichbauer unsere Stammgäste bedachte.

_____ Dazu muss man vorausschicken, dass das Tantris zu den Spitzenzeiten und an Wochenenden regelmäßig ausgebucht war. Das bedeutete bis zu 120 Gäste auf drei Räumlichkeiten verteilt. Trotz allem Organisationstalent war es für mich schlicht nicht möglich, an solchen Tagen alle Gäste selbst zu beraten und die Weine zu servieren. Wir verfielen auf die Idee, regelmäßig zu beiden Menüs für jeden Gang eine Weinempfehlung zu schreiben. Vor dem Service wurden die Weine besprochen und die

Details erklärt, dann konnten die Kellner, während ich gerade an einem anderen Tisch beschäftigt war, zumindest bei den Menüs die passenden Weine anbieten – heute Wine-Pairings oder Weinreise genannt.

_____ An solch einem Abend im vollbesetzten Restaurant geschah es, dass hinten im Gartensalon, also weitab vom üblichen Geschehen, ein Gast bei seinem Ober eine Flasche Rotwein bestellte, genau gesagt einen Romanée-Saint-Vivant von der Domaine de la Romanée-Conti an der Côte d'Or in Burgund. Das ist eines der berühmtesten Weingüter der Welt mit entsprechend teuren Weinen. Durch unsere langjährigen Beziehungen zu den Besitzern konnten wir regelmäßig ein paar Kisten dieses begehrten Assortiments erwerben, von denen jede zwölf Flaschen aus unterschiedlichen Grand-Cru-Lagen enthielt, jeweils eine oder zwei Flaschen der einzelnen Qualitäten. Damals in den 1980ern war das eine geniale Marketingidee von der berühmtesten aller Weindamen, Madame Lalou Bize-Leroy. Dabei sehen die Etiketten alle gleich aus, nur die Namen der Weinberge und natürlich die Preise der einzelnen Flaschen unterscheiden sich. Der Romanée-Saint-Vivant, den dieser Gast bestellt hatte, gehörte mit seinem damaligen Preis von etwa 800 Euro zu den günstigeren Flaschen aus diesem Sortiment.

IM KELLER ANGEKOMMEN, HOLTE DER KOLLEGE IN ALLER EILE DIE FALSCHE FLASCHE AUS DEM REGAL UND BRACHTE DEN TEUERSTEN WEIN UNTER DEN GRANDS CRUS DER DOMAINE, DEN GLEICHNAMIGEN ROMANÉE-CONTI.

Ein fataler Fehlgriff, der sich erst aufklärte, als ich an den Tisch kam. Ich hatte die Bestellung am Arbeitsplatz des Kellners zu kontrollieren, dann den Wein erst zu verkosten, eventuell zu dekantieren und schließlich zu servieren. Dabei fiel mir sofort auf, dass etwas nicht stimmte. Diese außergewöhnliche Flasche auf dem Beistelltisch passte nicht zur Bestellung des Gastes.

_____ Ich erkannte das an der Bestellnummer, die ich bei ganz besonderen Weinschätzen in der Regel im Kopf hatte, so wie andere Leute die Telefonnummer ihrer Eltern. 4600? Nein, das hätte ein Romanée-Saint-

Vivant sein sollen, zwar auch ein Wein der namensgebenden Domaine de la Romanée-Conti, aber nicht der Romanée-Conti selbst, der je nach Jahrgang das Vielfache der anderen Lage kostete. Unglückseligerweise hatte der Kellner die Flasche auch gleich für mich geöffnet, damit ich nur noch probieren und dekantieren musste.

———— Ich wurde wahrscheinlich kreidebleich. Mit Mühe die Haltung wahrend, entschuldigte ich mich bei den Gästen, eilte mit der Flasche leicht panisch davon und holte den richtigen, den bestellten Wein. Doch was sollte ich nun am Samstagabend mit dieser unglaublich teuren Flasche anfangen? Sie war ja schon geöffnet! Dem Kellner zum Einkaufspreis berechnen? Ausgeschlossen. Sein Monatsgehalt hätte dafür nicht gereicht. Mein Blick schweifte durchs Restaurant und blieb an einem Tisch hängen, an dem Freunde saßen, sehr, sehr gute Stammgäste, denen ich mich anvertraute. Dem Gastgeber am Tisch, von dem ich wusste, dass er diese Flasche wirklich zu schätzen wusste, flüsterte ich ins Ohr, was passiert war, und er war sofort bereit, mir aus der Bredouille zu helfen.

———— „Machen Sie sich keine Gedanken, Frau Bosch. Auch wenn es unser heutiges Budget weit übersteigt, wir werden diesen Wein gerne trinken und auch bezahlen." Mir fiel ein Stein vom Herzen. Zur Sicherheit beschloss ich dennoch, mit dem Seniorchef zu telefonieren und ihn zu fragen, wie ich mich verhalten sollte. Fritz Eichbauer war zum Glück so verständig wie großzügig und der gleichen Meinung wie ich: Diese Flasche hätte auch auf den Boden fallen können! An diesem Abend sollte sie also auf keiner Rechnung stehen – sondern ein Dankeschön für unsere treuen Stammgäste werden, die mit dieser ganz besonderen Flasche überaus glücklich waren und nach vielen Jahren immer wieder davon erzählten. Und auch ich konnte davon profitieren: Mein Probeschluck war groß genug, um den anfänglichen Schock zu verarbeiten.

———— Von diesem Tag an durfte aber kein anderer Servicemitarbeiter mehr in den Weinkeller, nur noch die Sommelerie.

AUF EIN GLAS MIT PAULA BOSCH

RESPEKT, UMGANGS- FORMEN UND EIN GESPÜR FÜR DEN GAST

PAULA BOSCH IM GESPRÄCH MIT DR. UWE ELLINGHAUS

„Na, Paula, was meinst Du zu dieser Flasche?" Dr. Uwe Ellinghaus dreht den Champagner in seiner Hand noch etwas in ihre Richtung. 2012 Champagne Doyard Clos de l'Abbaye, Blanc de Blancs. Paula Bosch nickt zustimmend. „Den habe ich noch nicht getrunken! Ja, lass uns den gerne probieren." Dr. Uwe Ellinghaus war Stammgast im Tantris und ist bis heute ein guter Freund von Paula Bosch. Heute treffen die beiden sich aber privat, nicht im Restaurant. Denn:

„Mit Paula in ein Lokal zu gehen, kann manchmal ganz schön anstrengend sein", erklärt Ellinghaus. „Anstrengend" ist dabei keineswegs ihre Gesellschaft, sondern die ungebrochene Bekanntheit der Sommelière. Paula Bosch wird immer noch häufig erkannt, Menschen am Nebentisch beginnen zu tuscheln oder bitten um ein Selfie mit ihr. Es kann sogar vorkommen, dass Gäste dem Sommelier des Hauses einen Korb geben und lieber Frau Bosch nach einer Weinempfehlung fragen. „Es sind schon Sommeliers buchstäblich vor Dir in die Knie gesunken. Weißt Du noch?"

Sie nickt. „Freilich weiß ich das noch. Kannst Du dir vorstellen, wie man sich da vorkommt? Eigentlich kommt man sich da saublöd vor. Auf der anderen Seite freue ich mich auch über solche Begegnungen, das ist doch klar." Dr. Uwe Ellinghaus findet die stoische Gelassenheit, mit der sie diese Situationen erträgt, bemerkenswert: „Derart bekannt zu sein, ist schön – aber es ist auch eine Bürde." Paula Bosch ist in Sachen Wein noch immer eine Marktmacht, die von Kollegen, der Presse, Produzenten und dem Handel nach ihrem Urteil befragt wird. Zum Beispiel ganz aktuell, wenn es um die Verknappung und den Lieferengpass von Glas geht, Flaschen für Champagner oder Magnumflaschen, die durch die Pandemie und auch den Krieg in der Ukraine knapp geworden sind. „Aber heute wie in all den Jahren zuvor hat sie diese ganz besondere Position niemals ausgenutzt. Paula würde niemals für Geld Wein oder ein Glas empfehlen, hinter dem sie nicht steht", ist sich Dr. Ellinghaus sicher. „An ihrer Unbestechlichkeit hat bis heute niemand Zweifel, das zeichnet sie absolut aus und unterscheidet sie auch von manchem ihrer Kollegen."

Mit Sommeliers und ihren Besonderheiten hat Ellinghaus Erfahrung. Als Manager für nationale und internationale Großkonzerne war er häufig Gast in Spitzenrestaurants. Zudem hat er sich selbst eine große Expertise in Sachen Wein angeeignet.

„FÜR MICH GIBT ES NUR EINEN EINZIGEN GRUND, DEN BERUF DES SOMMELIERS AUSZUÜBEN – DIE LEIDENSCHAFT FÜR WEIN".

Davon ist er überzeugt. Alle anderen Faktoren, wie die Arbeitszeiten oder das Gehalt, würden dagegensprechen. „Sommeliers neigen dazu, leidenschaftliche Menschen zu sein. Das schätze ich. Ich hoffe immer, Menschen zu begegnen, die so leidenschaftlich sind, dass sie mir mitteilen möchten, was ihnen gefällt." Eine gewisse, auch in Teilen narzisstische Beschäftigung mit der eigenen Materie, eine in der Branche durchaus übliche Nabelschau, ist also in Ordnung. Es darf nur niemals so weit gehen, dass man die Kundenorientierung verliert. Sprich: Wenn Sommeliers nur noch mit ihrem Fachwissen auftrumpfen, jeden neuen Trend oder ihre eigene Meinung vor alle anderen Parameter der Gastronomie stellen, dann läuft etwas falsch. „Da hast Du recht", pflichtet Paula Bosch ihm bei.

„WER NUR EMP-FIEHLT, WAS ER FÜR RICHTIG HÄLT, AUS WELCHEN GRÜNDEN AUCH IMMER, IST EIN SCHLECHTER SOMMELIER.

Manche müssen auch den Wein verkaufen oder wollen ihn weghaben, weil noch der Vorgänger ihn besorgt hat. Im schlimmsten Fall wird ein Wein empfohlen, den der Sommelier selbst nicht mag und loswerden will, oder weil das mit dem Chef so besprochen wurde. So etwas ist nicht in Ordnung."
Als Gast wünscht sich Ellinghaus, dass auf seine Wünsche und seinen Geschmack eingegangen wird, und zwar nicht „von oben herab": „Ich behandle alle Menschen in meinem Leben so, wie ich selbst behandelt werden möchte, ruhig, sachlich und konstruktiv", sagt er. „Für mich ist jeder Mensch auf Augenhöhe, und darum möchte

ich auch mit niemandem streiten müssen, ob ich einen bestimmten Wein bekomme oder nicht."
Ellinghaus nimmt einen Schluck Champagner. „Also, den mögen wir, oder?", fragt er in ihre Richtung. Geschmacklich liegen die beiden meist nah beieinander. „So richtig gestritten wegen Wein haben wir uns eigentlich schon lange nicht mehr …"
„Das stimmt", erwidert Paula Bosch. „Aber ich habe Dich ja auch immer wieder von neuen Dingen überzeugen können, zum Beispiel davon, dass in Holz ausgebauter Weißwein, so wie großer Chardonnay aus Burgund, ein toller Wein sein kann."
Auch ihre Abneigungen teilen die beiden, beispielsweise gegen Barolo und Barbaresco aus dem Piemont in der Gastronomie. Warum? Weil diese Weine, gerade die besten Qualitäten, in den ersten Jahren ihrer Entwicklung oft zu rau, tanninhaltig und rustikal auftreten. Für Paula Bosch spielt das in einem Restaurant eine wichtige Rolle, denn diese auf der Nebbiolo-Traube basierenden Weine brauchen sehr viel Zeit und Sauerstoff zur Entfaltung.
Und auch darüber, dass man offen bleiben sollte gegenüber neuen Rebsorten, Anbaugebieten und Anbaumethoden, sind sich Paula

Bosch und Uwe Ellinghaus einig. Unbewegliche, dogmatische Sichtweisen sind nichts für sie.

„Viele Leute glauben, dass unsere Freundschaft in der gemeinsamen Liebe zum Wein besteht, dabei ist das gar nicht der wichtigste Punkt", erklärt Ellinghaus. „Klar, die haben wir. Aber was uns wirklich zu Freunden werden ließ, ist unser Perfektionsstreben. Wir haben uns immer bemüht, unsere Jobs so gut wie möglich zu machen, selbst wenn andere das gar nicht bemerkt haben."

Das Paradebeispiel dafür ist eine Geschichte, die er gerne erzählt. Auch um zu verdeutlichen, warum er Paula Bosch so schätzt.

Er war in London auf einen Rosé-Champagner von einem weniger bekannten Haus gestoßen, der ihm umwerfend gut gefiel. Natürlich wollte er sich mit Paula Bosch darüber austauschen und schenkte ihr eine Flasche. Üblicherweise teilte sie ihm in solchen Fällen ihr Urteil über den bewussten Wein auch zeitnah mit. Sie bedankte sich stets und ließ ihn ihre Meinung dazu wissen. Doch in diesem Fall erfolgte keine Reaktion. Das war er nicht gewohnt von ihr, fand es fast schon unhöflich und war sich deshalb ziemlich sicher, dass ihr der Champagner nicht geschmeckt hatte.

Es vergingen ein paar Monate, bis Dr. Ellinghaus wieder einmal im Tantris war. Zu dem bewussten Champagner hatte sich Paula Bosch noch immer nicht geäußert. Doch als er an seinem Tisch ankam, stand dort im Kühler eine Flasche Rosé-Champagner – und zwar genau der Wein, den er ihr ein paar Monate zuvor mitgebracht hatte.

„Paula, hast Du die Flasche die ganze Zeit aufgehoben?", fragte er. „Nein, im Gegenteil: Ich habe sie sofort getrunken", erklärte sie. „Und ich fand sie genauso überraschend und umwerfend fein wie Du. So gut, dass ich mit dem Champagnerhaus sofort Kontakt aufgenommen habe."

Das Haus sei aber an einer Lieferung nach Deutschland nicht interessiert gewesen. Daraufhin habe das Tantris eine eigene Abholung organisiert, sich ein ganzes Jahreskontingent für das Restaurant gesichert und mitgenommen, was Platz hatte.

„Und damit", so Paula Bosch, „haben wir im Tantris nun einen hervorragenden, unglaublich günstigen Rosé-Champagner. Dank Deiner Empfehlung. Deshalb, lieber Uwe, Ehre wem Ehre gebührt, als Überraschung die erste Flasche ist für Dich, sie geht natürlich aufs Haus."

WIR GEHEN VOM GETRÄNK AUS – NICHT VOM ESSEN

WIE WAR IHRE ERSTE BEGEGNUNG? KÖNNEN SIE SICH DARAN NOCH ERINNERN?

————— **PAULA BOSCH:** Mein erster Eindruck von Dr. Uwe Ellinghaus war: Ich habe es wohl mit einem sehr gebildeten und äußerst höflichen Menschen zu tun. Ein für sein Auftreten auffallend junger Mann, eloquent, sehr interessiert und wissbegierig, mit einer prägnanten, sehr geschliffenen Art zu sprechen. Dazu ist er sofort aufgestanden und hat sich leicht verbeugt, als ich zu ihm an den Tisch gekommen bin – ja, das hat mir schon gefallen!
Heute weiß ich, dass er das immer macht und manche sich fragen, ob er wohl aus dem vorigen Jahrhundert stammt. So vortreffliche Manieren ist man eben nicht mehr gewohnt. Er war in Begleitung einer ebenfalls sehr höflichen Dame, und ich merkte schon, dass diese beiden mit einer gewissen Erwartungshaltung ins Tantris gekommen waren. Die beiden wollten etwas von mir, sie gaben mir das Gefühl, dass ihr Tisch für mich an diesem Abend meine Bühne sei. Das liebte ich an meinem Job ganz besonders.

Aber ich glaube auch, mit dieser Liebe bin ich nicht allein.

————— **DR. UWE ELLINGHAUS:** Natürlich erinnere ich mich: Das war im Jahr 1998, und ich hatte zum ersten Mal in meinem Leben in einem Zweisternerestaurant reserviert, im Tantris eben, um mit einer Arbeitskollegin eine Beförderung zu feiern. Wir hatten das große Menü gewählt, und ich wusste selbstverständlich, wer in diesem Lokal Chefsommelière war: Paula Bosch, deren Bücher ich bereits gelesen hatte. Als wir die ersten Sätze wechselten, war ich überrascht, wie unprätentiös sie auftrat. Sie fragte freundlich, was wir trinken wollten, und ich beschloss, ihr an diesem Abend großen Spielraum zu lassen.
Paula merkte sich in unserem Gespräch, dass ich gerne deutschen Riesling trinke. Damit fing sie an, und dann kam sie mit einem 89er Bordeaux zurück, Château Canon-la-Gaffelière. Die Flasche kostete 180 Mark – sie hatte also bei freier Wahl einen bezahlbaren, aber großartigen Rotwein zu unserem Menü gewählt. Ein Zeichen dafür, dass sie nicht einzig und allein die Erlösmaximierung für das Restaurant im Auge hatte. Dieser Abend war ein entscheidender Grund dafür, warum ich immer so gerne ins Tantris ging.

_____ DR. UWE ELLINGHAUS: Es gibt wenige Menschen, die so gekonnt und klar wie Paula Bosch analysieren können, welcher Wein zu welchem Essen passt. Und natürlich ist die Frage essenziell: Was trinken wir zu diesem Essen? Welcher Wein passt am besten zu welchem Gang? Womit können wir dieses Menü noch perfekter machen? Sie kann all diese Fragen garantiert beantworten und die Kunst jedes Kochs mit ihrer Weinempfehlung vollkommen machen. Aber privat gehen wir bei einem Menü in der Regel nicht vom Essen aus, sondern vom Getränk. Der Grund ist einfach der, dass uns Wein so unfassbar wichtig ist. Wir können mit einem nicht ganz korrespondierenden guten Essen eher leben als mit einem Wein, der unseren Ansprüchen nicht gerecht wird. Ich halte es für den größten Fehler, als Ausgangspunkt das Essen zu nehmen und dann Weine zu präsentieren, die zweifelsohne gut dazu passen. Doch wenn ich diesen Wein nicht mag, hilft mir das nichts, denn dann wird er mir auch zum Essen nicht schmecken.

_____ PAULA BOSCH: Das ist die Krux an der Geschichte „Wein und Speisen". Wer kam zuerst: das Ei oder die Henne? Vor Jahren haben sich die Gäste noch nicht so offen geäußert, anfangs fehlte ihnen ja auch eine gewisse Kompetenz. Aber sie haben dazugelernt, sind auch mutiger geworden und vertreten den eigenen Standpunkt heute eher als vor 20 Jahren.

DENNOCH FINDE ICH DAS THEMA „WEIN- UND SPEISENKOMBINATION" SPANNENDER ALS JE ZUVOR. ALLES IST ERLAUBT, ES MUSS ABER SINN ERGEBEN, DAS IST MEIN MOTTO ZU DIESER FRAGE.

Natürlich können wir Sommeliers bis ins kleinste Detail riechen, schmecken und entsprechende Kombinationen aussuchen. In erster Linie kommt es aber darauf an, was von den Gästen gewünscht ist. Es ist doch sinnlos, sie mit meinem Wissen zu langweilen, wenn sie nur einen guten Wein zum Menü möchten und dabei gerne wechseln. Kommen sie aus der Branche, dann vielleicht schon eher. Und wenn die Gäste experimentierfreudig sind und aus dem Mittag beziehungsweise

Abend ein kleines Event gestalten möchten, ja, dann bitte Vollgas. Aber bei aller Liebe zum Wein und Essen: Manche Menschen möchten vor allem miteinander reden. Da müssen wir vom Service nicht ständig das Gespräch unterbrechen, Aufmerksamkeit fordern, erwarten, dass man uns die meiste Zeit des Abends zuhört. Das zu erkennen verlangt Gefühl, Erfahrung, Respekt und Demut. Wem das gelingt, der hat auch in dieser Frage volle Punktzahl erreicht.

WAS HALTEN SIE VON WEIN-BEGLEITUNGEN?

_____ **DR. UWE ELLINGHAUS:** Das ist ein hervorragender Gradmesser, denn an der glasweisen Empfehlung zum Menü kann ich die Kompetenz eines Sommeliers gut erkennen. Und trotzdem würde ich niemals glasweise korrespondieren Wein trinken. Denn:

SELBST STERNE-RESTAURANTS SCHEUEN SICH NICHT DAVOR, MIT DEN PREISEN FÜR 0,1-GLÄSER IHREN GÄSTEN REGEL-RECHT DAS FELL ÜBER DIE OHREN ZU ZIEHEN.

Dazu kommt, dass ich von jedem Wein, den ich in meinem Leben getrunken habe, ehrlicherweise behaupten kann: Das zweite Glas hat mir immer besser geschmeckt als das erste. Ich muss mich auf jeden Wein, auch wenn er mir sofort gefällt, erst ein wenig einlassen. Das zweite Glas davon ist für mich viel befriedigender, als schon wieder auf einen neuen Wein zu wechseln. Der Wein braucht Luft, und ich brauche die Zeit für ihn.

_____ **PAULA BOSCH:** Hier kann ich nur beipflichten. Ich habe da schon so viel erlebt, eigentlich auf der ganzen Welt. In New York wurde uns in einem Sternerestaurant mal eine Weinempfehlung zum Menü gemacht, die sich vom gleichen Menü am Nebentisch total unterschied. Dabei waren die Gäste an beiden Tischen zum ersten Mal in diesem Lokal. Ich ließ nicht locker und bekam dann als Erklärung, dass von den Weinen, die man uns angeboten hatte, nicht genug für vier Menüs vorhanden war. Weshalb dann aber nicht wenigstens Rebsorten und Regionen ähnlich waren, hat sich mir nicht erschlossen. Gewinnmaximierung, Resteversorgung, Probeflaschen, Bestandsreduzierung – all das mögen verständliche Gründe für die Auswahl einzelner Weine sein, aber sie müssen dann wenigstens zu den einzelnen Gängen und zu den Gästen passen.

Nein, ich will mich nicht jedes Mal in einem Restaurant überraschen lassen, nein, ich will auch nicht jedem Servicemitarbeiter sagen müssen, welchen Wein ich mag und welchen nicht – was bei unbekannten Gewächsen ja auch gar nicht möglich ist. Abgesehen davon hat man in vollbesetzten Lokalen an den umliegenden Tischen zwangsläufig Zuhörer, was ich überhaupt nicht mag. Und wenn ich mir unbekannte Weine servieren lasse, dann möchte ich sie rechtzeitig probieren, bevor der dazu gedachte Gang serviert wird. Nur dann kann ich mich im Zweifelsfall noch umentscheiden. Eine ganz wichtige Voraussetzung bei der Weinbegleitung ist die Integrität der Sommelerie und eine gute Pflege der Weine im Offenausschank. Nur dann besteht eine reelle Chance für eine fantastische Wein- und Speisenkombination.

WAS ZEICHNET IHRER MEINUNG NACH EINEN GUTEN SOMMELIER AUS?

_____ **DR. UWE ELLINGHAUS:** Sommeliers müssen Brücken bauen – so wie Paula Bosch das immer geschafft hat. Brücken zwischen dem Essen und den Wünschen des Gastes. Dafür ist Fingerspitzen-

gefühl nötig und ein hervorragendes Gespür für Menschen und ihre Eigenheiten.

Diese soziale Kompetenz kann man sicherlich nur in der Praxis lernen. Man muss mit unterschiedlichsten Charakteren klarkommen, mit sehr dominanten Menschen ebenso wie mit Gästen, die gar nicht artikulieren können, was sie eigentlich wollen. Man muss jedem irgendwie gerecht werden.

_____ **PAULA BOSCH:** Gute Sommeliers, und zwar alle, zeichnen sich vor allem durch ihr bescheidenes, zurückhaltendes Auftreten aus, haben beste Umgangsformen und wissen, wie man den Gästen mit einer gewissen Distanz und Respekt begegnet. Großes Fachwissen und hervorragende Verkostungsfähigkeiten sind natürlich vorausgesetzt, aber die große Erfahrung um den Wein selbst kann ein Sommelier nur in der beruflichen Praxis erlernen.

Die Weinwelt ist so groß und vielfältig geworden, dass man jedem die Zeit geben sollte, den Wein in all seinen Facetten zu erfahren. Hier sind auch die Gäste aufgefordert, sich einmal gemeinsam mit der Sommelerie auf eine Flasche einzulassen und zu probieren. Sommeliers mögen mit allen möglichen Awards, Meisterschaften

SOMMELIERS MÖGEN MIT ALLEN
MÖGLICHEN AWARDS, MEISTER-
SCHAFTEN ODER AUSZEICHNUN-
GEN GEEHRT WORDEN SEIN –
WENN SIE SICH NICHT FÜR DEN
PERSÖNLICHEN GESCHMACK, DIE
INDIVIDUELLEN WEINVORLIEBEN
IHRER GÄSTE INTERESSIEREN,
TAUGEN SIE NICHT ZUM SOMME-
LIER IN EINEM RESTAURANT.

KOLLEGEN DIESER ART ERKENNT
MAN DARAN, DASS SIE NICHT
NACHFRAGEN, NICHT ZUHÖ-
REN UND ZWANGHAFT ÜBER-
RASCHUNGSREISEN ANBIETEN.

oder Auszeichnungen geehrt worden sein – wenn sie sich nicht für den persönlichen Geschmack, die individuellen Weinvorlieben ihrer Gäste interessieren, taugen sie nicht zum Sommelier in einem Restaurant. Kollegen dieser Art erkennt man daran, dass sie nicht nachfragen, was der Gast mag oder nicht mag, dass sie nicht zuhören und zwanghaft Überraschungsreisen anbieten. Auch an der Einstellung „getrunken wird, was mir schmeckt" sind die weniger guten leicht erkennbar. Mein Tipp dazu:

MACHEN SIE SICH DIE DAMEN UND HERREN DER FLASCHEN ZU VERBÜNDETEN.

Dann werden Sie viele gute Weine nicht nur probieren, sondern auch trinken.

NUTZEN SIE APPS FÜR DEN WEINKAUF?

_____ **DR. UWE ELLINGHAUS:** Ja, Wine-Searcher beispielsweise. Da sehe ich, welche Weine wo erhältlich sind. Es gibt aber hier oft das Problem des „Phantominventars", sprich: Dutzende Weinhandlungen behaupten, bestimmte rare Weine zu haben und locken damit die Kunden auf ihre Seiten.

_____ **PAULA BOSCH:** Ja, das Netz ist leider voll davon. Weltweit gibt es unseriöse Seiten von Weinhändlern, die auf diese Weise auf Kundenfang gehen und versuchen, mit allen Tricks ihre Ware loszuwerden. Sie schreiben einfach ein paar gesuchte Topweine in ihr Angebot – Masseto, Dominus, Screaming Eagle, Petrus, DRC oder Montrachet, auch in allerbesten Jahrgängen –, haben dann aber entweder gar keine Flasche davon oder liefern im schlimmsten Fall einfach einen schwächeren Jahrgang zum selben Preis.

WIE ODER WO LAGERN SIE WEIN PRIVAT?

_____ **DR. UWE ELLINGHAUS:** Im Grunde gar nicht, beziehungsweise dunkel im Sideboard im Esszimmer. Früher hatte ich Weinklimaschränke. Heute habe ich mich verabschiedet von Weinen, die länger gelagert werden müssen. Alles, was ich habe, werde ich innerhalb der nächsten 18 Monate trinken.

_____ **PAULA BOSCH:** Im Weinkeller und in Klimaschränken, da bin ich gut eingerichtet.

TÄGLICH WEIN?

_____ **DR. UWE ELLINGHAUS:** Ja.

_____ **PAULA BOSCH:** Probieren ja – trinken nein.

PAULA
BOSCH
ÜBER ...

_____ **WIE HABEN SICH DIE GÄSTE VERÄNDERT?**

Zwischen den 1980ern und dem Jahrtausendwechsel haben sich die Gäste enorm verändert. Die mageren Zeiten von Entbehrungen, Aufbau, Sparen und „schaffe, schaffe, Häusle baue" waren überwunden. Jetzt konnte sich die Gesellschaft was leisten. Die meisten konnten nun regelmäßig in den Urlaub fahren, und immer mehr ließen es auch beim Essen und Trinken krachen. Vielen ging es gut, das Geld saß locker in den Taschen, und das Geltungsbedürfnis der Menschen steigerte sich Jahr für Jahr. Auch mit den Weinpreisen ging es Jahr für Jahr nach oben. Ende der 1980er kauften die Gäste schon kistenweise die gleichen Rotweine aus Bordeaux wie die Gastronomie. Internet und Co. gab es noch lange nicht, deshalb war die Kompetenz der Sommeliers und des Fachhandels gefragt. Auf Teufel komm raus wurde probiert – nur so konnte man feststellen, ob man behalten oder nachkaufen wollte. Der amerikanische Weinkritiker Robert Parker bestimmte zu großen Teilen, was gut, was ausgezeichnet und was gerade mal für den Kochtopf ausreichend war.

Die Gäste reisten von Restaurant zu Restaurant und erzählten ihre Erlebnisse, lobend und kritisierend, aber auch fordernd, wenn sie gute Weine getrunken hatten. Es wurde an den Tischen viel mehr als früher geratscht, gefachsimpelt, diskutiert. Oft wurden auch Weine verlangt, die im eigenen Keller ruhten. Die Position des Sommeliers war gefragt wie nie.

Heute ermöglichen das Internet und die Mobiltelefonie Informationen in Sekundenschnelle über die meisten Weine der Welt. Wie viel die Menschen jeweils damit anfangen können, ist allerdings sehr unterschiedlich. Beratung tut Not; heute wie damals ist der Sommelier im Restaurant durch nichts zu ersetzen.

WISSENSDURST UND WEIN-NEUGIER

VON DER SCHREIBENDEN WEINWELT

———— In letzter Zeit werde ich immer wieder gefragt, warum ich eigentlich über Wein schreibe, was das für mich persönlich bedeutet, ob es mir wichtig ist? Auf den ersten Teil der Frage gibt es eine ganz einfache Antwort: Ich habe mich als Sommelière während meiner Zeit im Tantris dazu überreden lassen. Mit der Zeit habe ich dann erkannt, dass über Wein zu schreiben etwas anderes von mir verlangt als die tägliche Praxis des Erklärens und Besprechens am Gästetisch im Restaurant. Dort ging es darum, im direkten Kontakt Worte zu finden für den Geruch und Geschmack eines Weins, Worte, die seinen Charakter ausmachen; ihm eventuell auch für den Moment ein hübsches Kleid oder einen wunderbaren Sound zu verpassen.

———— Alles okay, wenn dem so war. Aber über etwas zu schreiben bedeutet: Vorsicht, hier müssen Daten und Fakten ganz genau recherchiert und überprüft werden. Was geschrieben ist, steht für sich und muss vertrauenswürdig sein. Dieses Vertrauen aber muss man sich erst einmal erarbeiten. Bei Wein dauert eine Überprüfung ja nicht lange, man kauft die angepriesene Flasche und probiert. Und schnell wird dabei klar, ob das, was ich beschrieben habe, zum Erfolg oder Misserfolg werden kann, je nachdem. Die Leser gehen davon aus, dass ich mich nicht nur mit der Materie Wein auskenne und sehr gut recherchiert habe, sondern auch die Qualität und das Preis-Leistungs-Verhältnis einschätzen kann.

_____ In diesem Moment kommt ein Stück Macht mit ins Spiel: Jeder Text kann darüber entscheiden, ob die Leser einen Wein kaufen oder es doch lieber lassen. Im Journalismus hat sich in den letzten Jahrzehnten vieles geändert – nicht nur zum Guten. Keine Frage: Das Internet und die neuen Medien machen es vielen Autoren, Bloggern und Youtubern leichter. Man muss Informationen nicht mehr mühsam in staubigen Lexika oder muffigen Archiven recherchieren, sondern wühlt sich einfach ein paar Minuten durch Wikipedia. Man muss nicht warten, bis das Medium endlich aus der Druckerpresse kommt, sondern kann mit einem kurzen Klick die ganze Welt wissen lassen, was man zu sagen hat, auf Youtube sogar in Bild und Ton. Doch, und nun kommt das große Aber: Diese Entwicklung war nicht nur Segen, sondern auch Fluch.

DAS WORLD WIDE WEB BRINGT NÄMLICH AUCH TAGTÄGLICH NEUE „SPEZIALISTEN" HERVOR, DIE AUF DIESEN PLATTFORMEN IHRE „WAHRHEITEN" UNGEFRAGT UND UNGEFILTERT VERÖFFENTLICHEN …

_____ Während ein ernsthafter Autor gelernt hat, sich einem Thema – sei es ein Land, eine Region oder nur der Wein selbst – zu nähern, indem er sich mit ihm auseinandersetzt und differenziert, schießen die Möchtegernschreiber von heute ihre Posts und Flaschenfotos im Minutentakt in die Breitbandleitungen ihrer Follower. Natürlich darf jeder seine Meinung kundtun, aber wenn Hobbyautoren, die vielleicht gerade mal einen Viertage-Crashkurs in Social Media absolviert haben, sich als die Weinwisser schlechthin präsentieren, kann man das schon kritisieren.

_____ Was unterscheidet die Spreu vom Weizen? Auf den ersten Blick wenig, ehrlich gesagt. Wer aber nur ein klein wenig genauer hinschaut, erkennt sofort, wenn etwas einfach nachgeplappert, von Wikipedia und anderen Quellen ungeprüft kopiert und weiterverbreitet wurde. Bei Weinbeschreibungen beispielsweise fällt sofort auf, wenn die logische

Folge einer Verkostung völlig durcheinandergeraten ist und einfach blindlings alle möglichen Vokabeln einer Weinbeurteilung aneinandergereiht wurden. Auch Poesiebeschreibungen lenken vom Thema ab. Sie mögen in Preislisten dienlich sein, um einen Verkaufserfolg zu erzielen, während gut recherchierte Texte ausschließlich den Zweck der Information verfolgen sollten.

WARUM SCHREIBT MAN ÜBERHAUPT ÜBER WEIN?

_____ Ganz klar: Wein einfach nur unbekümmert zu trinken, dagegen ist nichts einzuwenden. Doch es steigert das Vergnügen beträchtlich, wenn man mehr über ihn weiß, über seinen Geruch, seinen Geschmack, seine Herkunft und Geschichte, vielleicht sogar darüber, wozu – zu welcher Speise, zu welcher Gelegenheit – man ihn am besten genießt. Selbstverständlich müssen Sie sich nicht zu jedem Glas Wein, das Sie trinken, erst einmal seine Geschichte hervorkramen. Nein, zunächst einmal muss der Wein schmecken. Wenn er Ihnen Genuss und Freude bereitet, stellt sich häufig ganz von selbst eine gewisse Neugier ein. Mehr zu wissen, und sei es nur eine Kleinigkeit, bildet nicht nur weiter, sondern eröffnet Ihnen weitere Chancen, all das zu entdecken, was in einem Wein steckt – und das kann viel mehr sein, als Sie ahnen.

_____ Seit über 25 Jahren schreibe ich über das Thema Wein. Ich kann also ohne falsche Bescheidenheit davon ausgehen, dass neben meiner Profession als Sommelière mein Einfluss auch in der schreibenden Welt des Weins nicht ganz unbedeutend ist – und das, obwohl ich mich nie dem Diktat eines Bewertungssystems unterworfen habe.

_____ Punkte und Zahlen in Verbindung mit Genuss haben mich noch nie überzeugen können. Ich würde mich nicht einmal selbst bei der Vergabe von Noten als glaubwürdig oder zuverlässig einschätzen. Mich würde allein die Frage nervös machen, warum zum Beispiel bei einem Riesling-Tasting der Wein Nr. 5 mit 98, die Nr. 7 mit 97 und die Nr. 3 nur mit 96 Punkten bewertet wurde, aber nur einen Tag später die Punkte ganz anders vergeben wurden. Daumen rauf oder runter? Wie ließe sich das überzeugend begründen? Nur zu genau weiß ich um die Momente der Zweifel.

_____ Davon abgesehen kann ich guten Gewissens behaupten, niemals käuflich gewesen zu sein. Keine Organisation, kein Weinhändler und

„PUNKTE UND ZAHLEN IN VERBINDUNG MIT GENUSS HABEN MICH NOCH NIE ÜBERZEUGEN KÖNNEN."

PAULA BOSCH

kein Produzent musste auch nur einen Euro dafür ausgegeben, dass ich mich für deren Produkte eingesetzt habe, wenn ich von ihnen überzeugt war. Geld zu nehmen, um gute oder sehr gute Qualität zu bestätigen, das habe ich anderen überlassen.

ALS OB ICH NICHT SCHON GENUG ARBEIT GEHABT HÄTTE ...

—— Zu meinem ersten Weinbuch habe ich mich ebenso überreden lassen wie zu den ersten Texten im Magazin der Süddeutschen Zeitung. Über Wein zu schreiben hatte ich mir bis dahin nicht vorstellen können – ich wollte mein Wissen über die Weine den Menschen doch nicht auf Papier erklären, ihnen buchstäblich vorschreiben, wie Wein riecht und schmeckt, wie man ihn trinkt. Ich wollte auch nie ein Buch schreiben, um damit etwas für die Ewigkeit zu schaffen, etwas, das bleibt, wenn ich einmal nicht mehr sein sollte. Das war mir nie wichtig.

—— Aber es stellte sich heraus, dass ich das Schreiben über Wein doch ganz gut beherrschte. Woche für Woche brannten die Leser auf einen neuen Text, und die besprochenen Weine verkauften sich wie warme Semmeln; viele waren in Kürze ausverkauft. Dabei dachte ich oft, ob dieser oder jener Wein für die Leser nicht eine Herausforderung darstellen könnte (für mich war er es), ob er vielleicht zu teuer oder zu eigen war?

—— Wenn man die Weinproduzenten oder Händler heute noch fragt, bestätigen alle: Bei keiner Publikation war der Verkaufserfolg auch nur annähernd so gut wie nach meinen Kolumnen. Was für eine wunderbare Bestätigung!

—— Zu dieser Zeit arbeitete ich wie eine Wahnsinnige und hatte gleichzeitig eine Macht, derer ich mir gar nicht bewusst war. Ich habe sie nie aktiv genutzt, unbewusst aber ganz sicher genossen. In dieser Zeit dachte ich intensiv und lange über eine jährliche Publikation wie den WEINBOSCH nach und realisierte so etwas Ähnliches auch mit dem Buch „500 Weine unter 20 DM". Ich entschied mich aber gegen ein umfangreiches Werk, weil die Zeit zu recherchieren fehlte. Ich war ja Tag und Nacht im Tantris engagiert und dort sehr erfolgreich. Ich habe alles gegeben, und die Gäste dankten es mir. Sie lieben mich deshalb heute noch. Was wollte ich mehr? Mich mit halben oder ganzen Punkten herumschlagen? Sicher nicht!

_____ Dennoch genieße ich meinen Status in der Welt des Weins, freue mich über die zahlreichen Auszeichnungen, Preise, Ehrungen und Awards, die mir verliehen wurden. Und wenn ich heute auf meinen immer noch häufigen Weinreisen zu Winzern und Weingütern komme und schon beim Empfang spüre, wie willkommen ich bin, wie sehr sich die Menschen über meinen Besuch freuen, dann empfinde ich Zufriedenheit und Dankbarkeit.

DAS WEINBUCH ÜBER RIECHEN UND SCHMECKEN SCHLECHTHIN

_____ Je mehr man über Wein weiß, desto besser. Weinwissen gehört für mich ein ganzes Stück weit zur Allgemeinbildung. Es trägt dazu bei, Land und Leute näher kennenzulernen und etwas über die Ess- und Trinkgewohnheiten der Menschen vor Ort zu erfahren.

_____ In meiner Weinbibliothek steht eine stattliche Anzahl an Weinbüchern, von Fachmagazinen mal ganz abgesehen. Viele von ihnen habe ich wiederholt gelesen, in den besten stöbere ich auch heute noch herum. Keines dieser Bücher möchte ich missen, und ich würde auch gern noch so viel mehr lesen. Weltweit gibt es unzählige erstklassige Buchtitel, jährliche Neuerscheinungen ebenso wie historisch geprägte Bände. Ich bin überzeugt, dass ich daraus immer noch und immer wieder Neues erfahren kann.

_____ Weinbücher in deutscher Sprache waren in den 1980er-Jahren allerdings noch Raritäten. Ein paar erstklassige, aufwendig produzierte Bände existierten, illustriert mit zahlreichen Etiketten, Landkarten und Fotos, darunter „Italiens große Weine" von Jens Priewe, die Bände über Bordeaux, Burgund, Italien und Spanien von Hubrecht Duijker, „Der große Johnson" von Hugh Johnson und Jancis Robinson, Michael Broadbents „Das große Buch der Weinjahrgänge", die „Flaschenpost" von Horst Dohm aus der FAZ und ein paar andere. Darüber hinaus aber gab es für jemanden wie mich zu wenig, um meinen Wissensdurst zu befriedigen. Beste Weinführer auf Englisch oder Französisch versuchte ich oft tagelang und mühsam Wort für Wort zu übersetzen.

_____ Ein Buch aber möchte ich hervorheben, das leider längst nicht mehr verlegt wird: „Die hohe Schule für Weinkenner" von Emile Peynaud, einem ehemaligen Professor an der Universität Bordeaux, ist meine persönliche Wein-Bibel. Mit diesem Buch habe ich alles über die Degustation von Weinen gelernt, was man wissen sollte, wenn man professionell verkostet. Ich besitze zum Glück mehrere Exemplare, damit ich es überall griffbereit habe. Aber selbst ein so großartiges Buch allein machte auch aus mir noch lange keine Expertin.

_____ Erst in den 1990er-Jahren wurde die Welt der Weinbücher mit den Werken, die größtenteils im Hallwag-Verlag erschienen, deutlich besser und informativer, auch farbiger, bunter und interessanter.

_____ Inzwischen gibt es auf der ganzen Welt eine riesige Auswahl an Weinliteratur. Jahr für Jahr erscheinen neue, sehr gute und aktuelle Informationsquellen, dass es eine wahre Freude ist. Alles kann ich gar nicht mehr lesen, sondern muss stark selektieren, was von Interesse ist oder neues Wissen vermitteln kann. Natürlich kommt es bei Weinbüchern in erster Linie auf die Autoren an. Sie stehen für die Qualität des Inhalts, ähnlich wie die Weinkritiker in den Magazinen.

_____ Will man heute in die Tiefe der Thematik Wein eintauchen, bietet sich natürlich auch das Internet als Informations- und als weitere Bildungsquelle an. Das Schöne aber ist, dass ein gutes Buch bisher auch dadurch nicht ersetzt werden konnte und – in meiner Vorstellung zumindest – auch in Zukunft nicht ersetzt werden wird. Und weil Wein in den schönsten Landschaften der Welt wächst, reist man immer wieder gern dorthin und hat mit der regionalen Weinliteratur eine weitere Informationsquelle. Vor allem aber ist man der Sache selbst ganz nah: Wenn man gesättigt ist von Kunst und dem Besuch der zahlreichen Sehenswürdigkeiten vor Ort, kann nichts die müden Geister so angenehm wieder wecken wie eine gute Flasche des lokalen Weins.

WEIN IN DER KRITIK

_____ Neben der allgemeinen Weinliteratur gibt es seit vier Jahrzehnten ein völlig neues Kapitel zu diesem Thema, die Weinkritik. In Fachbüchern, Zeitschriften und Magazinen werden da einzelne Weine bewertet, meist in Gruppen eingeteilt nach Kriterien wie Herkunft, Jahrgang, Rebsorte oder Preisklasse. Die Schönheit der Region kommt da nur noch am Rande vor, stattdessen geht es richtig zur Sache: Hier steht Wein in der Kritik, wird beurteilt und bewertet, mal mehr, mal weniger streng und detailliert.

_____ Der weltweit bekannteste Weinautor, Hugh Johnson, hat mit seinem „großen" und „kleinen Johnson" weniger kritisiert als kategorisiert und Weine, Erzeuger und Regionen vorsichtig mit 1 bis 4 Sternen in Kategorien eingeteilt. Michel Bettane startete die Bewertungen in Frankreich ähnlich, wurde später aber viel konkreter, während der „Wine Spectator" lauter um sich schlug: ein großformatiges, informatives buntes Weinmagazin aus den USA, das mit seinen Bewertungen großen Einfluss auch auf den heimischen Markt hatte.

_____ Die beiden bedeutendsten Weinkritiker sind zweifellos Jancis Robinson und Robert Parker. Letzterer erlangte Berühmtheit mit seiner werbefreien Zeitschrift „The Wine Advocate", in der er ab dem Jahrgang 1982 Weine erstmals nach Noten im 100-Punkte-System bewertete, den „Parker-Punkten" (PP). In diesem System gilt alles mit weniger als 70 Punkten als „unterdurchschnittlich", während die Spanne zwischen 70 und 80 Punkten Weine als „durchschnittlich ohne besondere Merkmale" einstuft. Da die besser bewerteten Weine demnach zwischen 80 und 100 rangieren (die Höchstnote wird sehr selten vergeben), könnte man in Wirklichkeit auch von einem 20er-System sprechen … Wie dem auch sei, Parker mischte mit seinen Punkten den Markt auf und lehrte zahlreiche Weingüter das Fürchten, anfangs in Bordeaux, später auf der ganzen Welt. Parker-Punkte hatten erheblichen Einfluss auf das Preisbarometer; gut bewertete Weine wurden rapide teurer, 100-Punkte-Weine unbezahlbar.

_____ Mit den Jahren kamen weitere Formate aufs Parkett, die ebenfalls Punkte verteilen, von James Suckling, Tim Atkin, „The Wine Enthusiast" bis „Weinwisser", „Vinum", „Gault & Millau" und „Falstaff" – aber alle wären ohne Robert Parker nicht auf der Bühne. Und nachdem er sie verlassen hatte – 2012 zog Parker sich vom „Wine Advocate" zurück –, wurde die Lücke durch zahlreiche, meist namenlose Bewerter gefüllt.

DIE KRITIKER TRATEN SICH GEGENSEITIG AUF DIE FÜSSE, VERGABEN IMMER MEHR HÖCHSTNOTEN UND STELLTEN DAMIT DAS GESAMTE URSPRÜNGLICHE SYSTEM IN FRAGE, DAS ALS RICHTSCHNUR DURCHAUS HILFREICH GEWESEN WAR, AUCH FÜR MICH.

_____ Parkers Absicht ganz zu Beginn war ja gewesen, die Amerikaner zu mündigeren Weintrinkern zu machen. Sein System sollte ihnen zu einer besseren Orientierung verhelfen und subjektive Geschmacksurteile so weit wie möglich objektivieren. Auch heute noch ist Robert Parker eine der einflussreichsten Stimmen im Weinbusiness.

KÖNNEN WEINBEWERTUNGEN ÜBERHAUPT OBJEKTIV SEIN?

_____ Ohne Frage haben die berühmten Kritiker die Weinwelt, meine eingeschlossen, nicht nur positiv beeinflusst. Bereichert haben sie sie dennoch von Beginn an. Mich hat jede Publikation nicht nur über die Geschehnisse und Veränderungen in der Welt des Weins informiert, ich wurde stets auf dem Laufenden gehalten und für Kritik sensibilisiert. Dafür bin ich auch heute noch dankbar.

_____ Aber seien wir doch mal ehrlich: Wein ist im Gegensatz zu Gegenständen wie Autos, Musikinstrumenten oder Fotoapparaten nur sehr begrenzt objektiv bewertbar. Vordergründig gibt es natürlich objektive Kriterien. Alkohol, Säure, Süße, Tannin usw. sind Eigenschaften, die jeder Tester mehr oder weniger erkennen, einschätzen und bewerten wird, ganz nach persönlichen Erfahrungswerten.

_____ Schwieriger als bei den eindeutig riech- und schmeckbaren Inhaltsstoffen wird es bei Einschätzungen zu Faktoren wie Textur, Aromen, Struktur, Balance und Harmonie. Diese Kriterien sind nicht messbar, sondern unterliegen der individuellen Bewertung. Vorlieben, Abneigungen und noch mehr Praxiserfahrung spielen hier eine gewichtige Rolle; allgemeingültige Richtlinien oder Standardkriterien, die die mühevolle Arbeit der Einschätzung erleichtern würden, existieren nicht. Ich setze dabei grundsätzlich voraus, dass jeder Mensch, der sich dieser diffizilen Aufgabe stellt, guten Willens ist und sich mit bestem Wissensstand an die Arbeit macht.

_____ Dass mehrere Tester oft nicht zum selben Ergebnis kommen, hängt von sehr vielen Kriterien ab. Individuelle Faktoren wie die Tagesform, Müdigkeit während der Verkostung oder die persönliche Wahrnehmungsfähigkeit sind nicht zu unterschätzen. Und dann spielen auch Emotionen eine Rolle – fasziniert der Wein, spricht er mehr an als nur die Wahrnehmung seiner sensorischen Qualitäten. Auch Weintester sind nicht frei von Emotionen, egal wie sehr sie sich um Objektivität bemühen.

_____ Ist das schlimm? Nein, sicher nicht. Dass Wein die Menschen emotional anspricht, gute oder weniger gute Gefühle vermittelt, gehört untrennbar zum Geheimnis seines großen Erfolgs.

_____ Meiner Ansicht nach sollte man sich das alles bewusst machen, wenn man Punktbewertungen Achtung schenkt, da sie ja immer auch eine Hierarchie suggerieren und einen nicht zu unterschätzenden Einfluss auf Handel und Verkauf haben. Zumindest für Weinprofis ist es von großer Bedeutung, wie und unter welchen Bedingungen Bewertungen zustande gekommen sind.

PUNKTE RICHTIG EINSCHÄTZEN

_____ Natürlich sind Punktebewertungen – sofern sie mit einer genauen Weinbeschreibung einhergehen – eine hilfreiche Sache, nicht nur für die Verbraucher. Wer außerhalb des professionellen Umfelds hat schon Zeit (oder Lust), seitenweise Weinbeschreibungen zu lesen? Oder die finanziellen Mittel, auf Verdacht ein Dutzend Weine oder mehr zu kaufen, um darunter hoffentlich zwei oder drei zu finden, die gut schmecken?

_____ Für den Konsumenten kann eine aussagekräftige Beschreibung dennoch eine Orientierungshilfe und ein wichtiger Hinweis sein, ob der Wein zu den eigenen Vorlieben passt. Ein 17-Punkte-Wein (in einem 20er-System) mit „sanften Tanninen und angenehmem Trinkfluss" mag bestimmten Kunden sympathischer sein als 18,5 Punkte mit „kräftigem Tanningerüst und langer Lagerfähigkeit". Idealerweise passt dann auch die Beschreibung zum Punktwert und erhebt keine deutlich niedriger bewerteten Weine verbal zu Stars.

_____ Ich rate jedem, der Wein einkauft oder bestellt, die Weintipps und deren Bewertungen kritisch zu hinterfragen und vor allem darauf zu achten, aus wessen Feder sie stammen. Unter welchen Umständen kam die Bewertung zustande, in welchem Jahr oder Monat fand sie statt und vor allem: Wie oft (und ob überhaupt) wurde der Wein probiert, bevor man ihm das Korsett einer Bewertung übergestülpt hat? Es kommt durchaus vor, dass Weine beschrieben werden, die gar nicht verkostet wurden. Bewertungen mit minimalen Abstufungen, also im

Stil „0,25/0,5/0,75" sind meiner Meinung nach nicht nachvollziehbar und bei Blindverkostung auch vom Tester selbst nicht wiederholbar.

ICH BIN DAVON ÜBERZEUGT, DASS MAN DIE GESAMTE WEINWELT, VOM BASISWEIN BIS ZUR TOPQUALITÄT, NICHT IN EIN KORSETT PRESSEN KANN, DAS NUR AUS ZAHLEN BESTEHT.

Eine begleitende Beschreibung seines aktuellen Geruchs und Geschmacks, seiner Textur, Struktur und Balance ist unabdingbar, will man bei einem Wein auch nur ansatzweise erklären, in welcher Klasse er angesiedelt ist.
_____ Dazu kann ich mir eine Qualitätspyramide mit vier oder fünf Stufen vorstellen (siehe Seite 187), ähnlich wie sie vom Verband Deutscher Prädikatsweingüter (VDP) schon zur Klassifizierung deutscher Weine angewendet wird. Mit nachvollziehbaren Anforderungen für jede Stufe könnte eine grobe Einteilung verständlicher sein als eine allein stehende „Schulnote". Was bei Restaurantführern seit Jahren eine gewisse Anerkennung gefunden hat, könnte auch beim Wein funktionieren.

„DER WEIN IST GEIL!"

_____ Statt Weine nur mit Zahlen oder Punkten zu bewerten, finde ich es auf alle Fälle viel hilfreicher, passende Worte für eine Beschreibung zu finden. Es gibt solch ein breit gefächertes Vokabular, eine Weinsprache, die jede Nuance, jede Geschmacksrichtung treffen und charakterisieren kann. Die Beschreibung kann natürlich auch kürzer ausfallen als im folgenden Beispiel aus meiner Praxis:

2019 Pinot Noir „Castellberg" GC, Martin Waßmer, Baden, Markgräflerland, Deutschland

Zum Weingut:
Nahe zur Schweizer Grenze im Markgräflerland hat der unermüdliche Martin Waßmer sein Weingut, welches er sukzessive seit 1997 mit der Familie aufgebaut hat. Als Knochenarbeit betrachte ich sein Tun in den besten Lagen –

Steillagen wäre angebrachter – wie dem Castellberg oder dem Schlossberg. Hier stehen die bis zu 40-jährigen Rebstöcke, die Waßmers beste Weine hervorbringen. Martins große Weinliebe, seine Vorbilder waren schon immer die großen Burgunder; an ihnen orientiert er sich, in dieser Richtung liegt sein Ziel – er will nach oben, wenn's geht bis an die Spitze. Seit vielen Jahren begleiten mich diese Weine, im Jungweinstadium ebenso wie gereift. Inzwischen habe ich volljährige Flaschen im Keller und überlege mir ganz genau, ob und wann ich mir die eine oder andere von ihnen gönne.

Der Wein:
Vom Pinot Noir „Castellberg" habe ich die beiden Jahrgänge 2018 und 2019 kurz nacheinander verkostet und kann mich nicht entscheiden, welcher der beiden wohl der bessere ist. Entschieden habe ich mich dann, dem Trinkvergnügen geschuldet, für den 2019er, weil er mir mehr Trinkfluss und Reife präsentierte, wenn auch 2018 am Ende das größere Jahr und Erlebnis werden kann.
Voller Glanz, transparent mit tief rubinrotem Kleid. Der Duft ist breit gefächert und bietet von Anfang an einen Strauß voller Aromen des Sommers und vom Herbst. Ein bunter Wiesenblumenstrauß, Kirschblüten, Cranberry, Holunder, Schlehen, Sanddorn und Brombeergelee. Waldpilze, getrocknetes Laub mit Unterholz, Tannenzapfen. Der Geschmack präsentiert sich dann noch sehr jugendlich und frisch mit zahlreichen reifen, ganz feinen Tanninen. Mächtig Druck aufbauend, füllt er den ganzen Mund aus, bringt sich in Position wie ein balzender Pfau und verabschiedet sich dann mit Macht ebenso beeindruckend. Ein Genuss für jetzt und 15 Jahre später.

Wozu trinken:
Geflügel im Ganzen gebraten, von Ente bis Wachtel oder Weihnachtsgans. Ein geräucherter Lachs oder ein Atlantikfisch mit Morcheln. Eine Pasta oder ein Risotto mit Steinpilzen passen ebenso wie ein Kalbskotlett.

───── Umgekehrt gibt es auch Wörter, die mich auf die Palme bringen, wenn es um Weinbeschreibungen geht. Besonders liebe ich es, wenn einer meint: „Der Wein ist geil!" Nun ja, nachdem heute schon fünfjährige Kinder ihre Spielsachen „geil" finden, habe ich eingesehen: „Geil sein" muss nicht immer das Gleiche bedeuten … Manches, was in der Weinwelt passiert, ist eben einfach unbeschreiblich, und wem nicht mehr als „geil" einfällt, dem lohnt nicht mal zuzuhören.

AUF EIN GLAS MIT PAULA BOSCH

„LESER SIND NEUGIERIG, UND DAS IST GUT SO!"

PAULA BOSCH IM GESPRÄCH MIT DER SCHWEIZER WEINAUTORIN UND JOURNALISTIN CHANDRA KURT

Chandra Kurt und Paula Bosch kennen sich schon aus den Tagen, als Paula Bosch noch im Tantris arbeitete. Bei ihrem ersten Gespräch unterhielten sie sich über „500 Weine unter 20 DM", Paula Boschs Erstlingswerk aus dem Jahr 1997 und dessen Konzept. Chandra Kurt war damals voll des Lobes, ist aber längst mit ihrem eigenen Werk und ihrem „Weinseller Journal" in der Schweiz als Weinautorin und Weinjournalistin sehr erfolgreich.

Beide verbinden auch die zahlreichen von Kurt organisierten Weinreisen durch die Schweizer Weinregionen, die mit zu den schönsten der Welt zählen. Zusammen mit hochdekorierten Persönlichkeiten aus der Weinwelt wie Caro Maurer MW, Stephan Reinhard (Wine Advocate), Steward Pigott (FAZ, James Suckling), der leider schon verstorbenen Sue Style (Decanter, The Financial Times), Christina Fischer (Weingenuss & Tafelfreuden) und namhaften Weinproduzenten führte sie auch Paula Bosch über viele Jahre in die

Geheimnisse der kleinen Schweizer Weinwelt ein, die doch so große Weine hervorbringt. Dabei wurde viel diskutiert, auch gezankt über Punkte und Qualitäten, so manche Flasche Champagner geleert und viele Gin Tonics vernichtet. Im vierteljährlich erscheinenden „Weinseller Journal" hat Paula Bosch seit fast vier Jahren eine feste Kolumne zu Themen aus der Sommelerie.

KÖNNEN SIE EINE VERÄNDERUNG IM KREISE IHRER LESER ERKENNEN? HAT DIE LESERSCHAFT IHRER PUBLIKATIONEN IN DEN VERGANGENEN 25 BIS 30 JAHREN MEHR WEININTERESSE, MEHR WISSEN UND VOR ALLEM MEHR WEINKOMPETENZ ERREICHT?

_____ **CHANDRA KURT**: Natürlich, denn einerseits sind einige inzwischen auch jünger als ich, und andererseits ist ja auch das Internet dazugekommen sowie die sozialen Medien. Gleichzeitig hat sich aber auch die Weinwelt verändert und weiterentwickelt. Sie ist gewachsen und hat das Korsett der klassischen europäischen Weinbauregionen gesprengt. Das Gute daran ist, dass jeder Weinliebhaber eigene Entdeckungen und Erfahrungen machen kann. Der Zugang zum Wein ist viel einfacher geworden. Die Leser sind sehr neugierig – und das ist gut so!

_____ **PAULA BOSCH**: Und genauso neugierig gingen vor 30 Jahren weininteressierte Gäste in die Restaurants, wo sie wussten, da gibt es einen Sommelier, mit dem sie sich unterhalten konnten. Einige waren belesen und wollten noch mehr erfahren, was ganz wunderbar war. Ein paar andere wussten alles besser, stellten mich auf die Probe. Das ging so weit, dass sich Gäste trauten, teuren Wein zu bestellen, von dem sie eine Kiste im Keller hatten, diese aber wohl nicht öffnen wollten – auch weil bei einem Wiederverkauf eine ungeöffnete Originalholzkiste deutlich höhere Preise erzielt.

DIE HERRSCHAFTEN HABEN DANN PROBIERT UND NOCHMALS PROBIERT UND SCHLIESSLICH REKLAMIERT, DER WEIN SCHMECKE NACH KORK, SEI UNSAUBER ODER MUFFIG ODER ZU SAUER.

In der Regel erkannte ich diese Pappnasen und stellte sie vor die Alternative: Würde die nächste Flasche gleich schmecken, dann müssten sie beide Flaschen bezahlen, wenn nicht, ginge das scheinbar korkige Exemplar aufs Haus. Dazu ist es nie gekommen. Das Interesse am Wein und gleichzeitig das Weinwissen hat sich unter meinen Gästen enorm entwickelt, ungeachtet der Altersstufe. Ohne deren Neugier wäre meine Arbeit im Restaurant sehr trist gewesen.

SIE BEWERTEN IN IHREM „WEINSELLER JOURNAL" UND IM JÄHRLICHEN WEINGUIDE WEINE DER SCHWEIZER SUPERMÄRKTE. WAS HAT FÜR SIE DEN HÖHEREN STELLENWERT: EINE BEWERTUNG IN PUNKTEN ODER EINE BESCHREIBUNG, WIE DER WEIN SCHMECKT UND WOZU ER GETRUNKEN WERDEN KANN?

———— **CHANDRA KURT**: Ich finde beides in Kombination sehr nützlich, wobei wir im „Weinseller Journal" zahlreiche Weine ohne Punktebewertungen vorstellen, dafür mit ausführlichen Inhalten. Was ist besser?
Ich erreiche damit klar unterschiedliche Weinzielgruppen. Es wird immer die Punkte-Trinker geben. Mein Anspruch war aber stets, den Wein auch in seiner Stilistik zu erklären und ihn in einen Kontext zu stellen, damit nicht nur Fachleute, sondern jeder Weininteressierte leicht verstehen kann, was ihn in der Flasche erwartet.
———— **PAULA BOSCH**: Grundsätzlich meine ich, dass bei jeder Art

von Bewertung vorab entschieden werden sollte, welche Zielgruppe man ansprechen will, egal ob man auf Punkte, Sterne, Gläser oder Text setzt. Ist die Allgemeinheit gemeint, sollte eine eindeutige Trennung von Weinen unterschiedlicher Qualitätsgruppen erfolgen, was logischerweise auch zu deutlich unterschiedlichen Preisklassen führt. Damit würden sich die knappen Unterschiede, die sich bei einer Klassifizierung nach Zahlen immer ergeben, entzerren beziehungsweise strecken, was hoffentlich zu einem besseren Verständnis in der jeweiligen Qualitätsstufe führt.

GLAUBEN SIE, DASS BEWERTUNGEN IM BEREICH VON 0,5 ODER 0,25 PUNKTEN VON DEN LESERN VERSTANDEN WERDEN? SIND SIE FÜR DIE ZU DIFFERENZIERENDE WEINQUALITÄT SINNVOLL, AUCH WENN SIE NICHT AN BESTIMMTE PREISKATEGORIEN GEBUNDEN SIND?

———— **CHANDRA KURT**: Natürlich, sobald sie die gleichen Weintypen miteinander vergleichen. Die Punktebewertung ist ein Kriterium und der Preis ein anderes. Im „Weinseller Weinguide" zeichne ich beispielsweise Weine mit gutem Preis-Leistungs-Verhältnis mit einem zusätzlichen Sternchen aus. Dabei geht es nicht darum, dass sie supergünstig sind – im

Gegenteil –, sondern dass sie für ihre Weingattung (Herkunft, Sorte, Weintyp) preislich eine Entdeckung sind.

_____ **PAULA BOSCH**: Ich kann mir nicht vorstellen, dass ein Weintrinker damit überhaupt etwas anfangen kann. Eine Flasche Bordeaux für 50 Euro mit 17,25 Punkten ist im Vergleich mit einem anderen Bordeaux für 25 Euro und 17,50 Punkten in der Sensorik qualitativ doch nicht erkennbar schlechter. Bei einer Wiederholung als Blindprobe wette ich gegen das gleiche Ergebnis.

HABEN SIE BEI DIESER ZEITAUFWENDIGEN ARBEIT FÜR TEXTE IM „WEINSELLER" AUCH MANCHMAL DAS GEFÜHL, DASS WEINKRITIKER IMMER MEHR VON INTERNETPLATTFORMEN ABGELÖST WERDEN?

_____ **CHANDRA KURT**: Das Internet ist generell populärer als Print, aber mir geht es darum, auch etwas zu kreieren, das mir persönlich besser gefällt – und das ist Print. Wein ist ein sinnliches Produkt, und ein Magazin oder ein Buch ist für mich auch ein sinnliches Produkt.

_____ **PAULA BOSCH**: Für mich ist das Internet grundsätzlich eine wunderbare Informationsmöglichkeit, die aber auch sehr viel mehr Fehlerquellen aufweist. Print, die haptische Form, hat

etwas für sich, ich möchte das auf keinen Fall missen.

„ICH TRINKE, WAS MIR SCHMECKT": WELCHE BEDEUTUNG HAT DIE EMANZIPATION DER VERBRAUCHER HEUTE?

_____ **CHANDRA KURT**: Dieser Aussage kann ich nur zustimmen, wobei man nie die Neugierde verlieren sollte, Neues zu entdecken. Und wie wir alle wissen: Was einem schmeckt, hängt auch von der jeweiligen Situation oder dem Ort ab.

_____ **PAULA BOSCH**: Wer nicht probiert, weiß nicht, was ihm schmeckt. Aber weshalb soll man zum Beispiel einen Riesling trinken, sei er noch so hip oder gut, wenn einem dieser Typ von Wein grundsätzlich nicht zusagt? Häufig hängen derartige Urteile aber nicht nur von der Situation, dem Ort oder der Zeit ab, sondern auch von der Art, wie der Wein produziert wurde. Daher rate ich, den eigenen Geschmack immer wieder zu hinterfragen und sich neben den bekannten Geschmacksvorlieben auch auf anderes einzulassen.

WELCHEN EINFLUSS HABEN NACH IHRER ERFAHRUNG INFLUENCER UND INSTAGRAMER AUF DIE WEINWELT?

_____ **CHANDRA KURT**: Einen enormen, aber in den meisten Fällen keinen nachhaltigen, zumal es ja immer um neue Posts geht.

——— PAULA BOSCH: Der enorme Einfluss bezieht sich wohl häufiger auf die Person selbst als auf das, was er oder sie zu einem Produkt in dem Post geschrieben hat.

HAUPTSACHE, MAN HAT MAL WIEDER AUF SICH AUFMERKSAM GEMACHT.

Beim Wein sind es die raren Qualitäten, teuren Marken, seltenen Etiketten, die nebenbei für Aufmerksamkeit sorgen.

ROBERT PARKER HAT MITTE DER 1980ER-JAHRE MIT SEINEM PUNKTE-SYSTEM DIE WEINWELT REVOLUTIO-NIERT. ER DOMINIERTE UND INSTRU-MENTALISIERTE SIE UND HAT AB DIESER ZEIT BESTIMMT, WELCHE WEINE GUT, WELCHE BESSER, WELCHE TOP SIND UND FÜR WELCHE ES EINEN PLATZ AUF DER WELTRANGLISTE GEBEN WIRD. WAR ODER IST DAS EIN FLUCH ODER SEGEN FÜR DIE BRANCHE?

——— CHANDRA KURT: Es war beides, aber wie man jetzt sehen kann, hat sich auch das weiterentwickelt. Erstens bewertet das neue Parker-Team komplett entgegengesetzt zu ihm: Finesse, Eleganz, Frische und aromatische Präzision sind plötzlich wichtiger als Power und aromatische Tiefe. Zweitens sind jetzt in Form von Naturweinen neue Weine auf den Markt gekommen, die einen klaren Kontrapunkt zu den Parker-Weinen setzen. Es ist wie eine önologische Revolution gegen das Establishment. Aber auch das wird sich beruhigen.

——— PAULA BOSCH: An eine Beruhigung glaube ich weniger, dazu gibt es viel zu viele Weinanalphabeten. Für Produzenten wie Weinhändler gibt es doch kaum ein anderes Verkaufsargument als eine ordentliche Punktebewertung und die am liebsten von Robert Parker, Wine Spectator oder Tim Atkins.

DER JOURNALISMUS HAT HEUTE EINE VIEL GRÖSSERE SPIELWIESE, ALS DAS NOCH VOR 30 JAHREN DER FALL WAR. INTERNET, SELFPUBLISHING, SOCIAL MEDIA – WIE HAT SICH DIE QUALITÄT DES GESCHRIEBENEN WORTES DADURCH VERÄNDERT?

——— CHANDRA KURT: Es ist sicher vielfältiger geworden, und Sprachvirtuosen haben plötzlich ihre Plattformen. Dagegen habe ich nichts einzuwenden – solange die Fakten in Fachartikeln stimmen.

——— PAULA BOSCH: Wenn aber die Fakten gar nicht beachtet werden, es sich in Wirklichkeit um virtuose Fantasietexte des Verfassers, nicht nachvollziehbares

Blabla handelt? Bei einem Teil der schreibenden Zunft und besonders gerne auch in Preislisten des Handels ist diese Unart schon seit Jahren zu lesen. Manche verkaufen sich als die großen Weinkenner und nutzen alle möglichen Plattformen und Blogs, um auf sich aufmerksam zu machen, und häufig dreht es sich auch noch um die eigenen Weine, die da über den grünen Klee gelobt werden. Da ist die Entlohnung für das Schreiben eines Textes nebensächlich. Diese Praxis ist die Sorge des Qualitätsjournalismus geworden, denn wie bei jeder anderen Profession auch lebt dieser von einer ordentlichen Bezahlung.

WIE HAT SICH DIE WEINWELT AN DIESE ENTWICKLUNG ANGEPASST? HABEN BEWERTUNGEN VON HEUTE NOCH DEN GLEICHEN STELLENWERT WIE FRÜHER?

‗‗‗‗‗ **CHANDRA KURT**: Wie früher sind auch heute Punkte nicht gleich Punkte. Es geht um den Absender, sei das eine bekannte Fachperson oder eine Publikation. Auch müssen wir unterscheiden, ob wir von der Weinwelt in Europa, in den USA oder in Asien sprechen. Für die neuen Weingenießer in China zum Beispiel sind die meisten Bewertungen von europäischen Fachleuten irrelevant.

‗‗‗‗‗ **PAULA BOSCH**: Ich glaube, dass die Bewertungen nur dann noch die gleichen sind, wenn in denselben Publikationen von vor 30 Jahren die gleichen Testpersonen immer noch verkosten. Das ist teils der Fall, aber einiges hat sich auch verändert, Personen sind im Ruhestand, Magazine wurden verkauft usw., selbst die Weine haben sich verändert. In den meisten Fällen eher positiv.

SIND WEINBEWERTUNGEN AUS MARATHONVERKOSTUNGEN, WIE SIE FÜR JEDEN WEINFÜHRER VORGENOMMEN WERDEN MÜSSEN, IN FORM VON PUNKTEN, STERNEN, GLÄSERN FÜR DEN LESER AUSSAGEKRÄFTIG, AUCH WENN SIE WOCHEN UND MONATE ZUVOR GEMACHT WURDEN UND DER WEIN SICH LÄNGST WEITERENTWICKELT HAT?

‗‗‗‗‗ **CHANDRA KURT**: Ja und nein. Solche Führer werden von Weingenießern nicht zwingend jedes Jahr neu erworben. Sie geben Impulse, welche Weine man einmal verkosten oder entdecken könnte. Daher ist es auch wichtig, dass nicht nur Punkte aufgeführt werden, sondern Erklärungen und Begründungen, warum genau dieser Wein speziell oder einzigartig ist.

‗‗‗‗‗ **PAULA BOSCH**: Es ist ein bisschen wie bei den Restaurantführern. Aus finanziellen Gründen oder Bequemlichkeit tut's der alte

Guide auch noch im aktuellen Jahr. Von den personellen und vielen anderen Veränderungen will man nichts wissen – bis zum Tag der Platzreservierung oder Weinprobe.

MAN MUSS SICH BEI JEDER BEURTEILUNG EINES WEINS DARÜBER IM KLAREN SEIN, DASS ES SICH NUR UM EINE MOMENTAUFNAHME ZU EINEM BESTIMMTEN ZEITPUNKT HANDELT.

Das Produkt entwickelt sich aber stets weiter. Und dabei muss man unbedingt die Lagerumstände mitbeachten! Häufig erlebt man, dass ein Wein durch unsachgemäße Lagerung verdorben ist, und wem wird dann die Schuld gegeben, dass die Beurteilung nicht stimmt? Genau …

WAS VERMISSEN SIE IN ALL DEN ZAHLREICHEN BÜCHERN, AUCH IN IHRER GROSSARTIGEN SAMMLUNG AN WEINLITERATUR?

_____ **CHANDRA KURT:** Ich würde mir mehr persönliche Erfahrungen von Fachleuten wünschen.

Wie auch erneut publizierte, historische Weinpublikationen. Dabei kann man herrlich sehen, wie sich die Weinsprache entwickelt hat.

_____ **PAULA BOSCH:** Bei all den vielen Publikationen wäre wichtig, dass die Weinkritik in Summe weniger selbstherrlich auftritt, sondern stärker verbraucherorientiert arbeitet, sich mehr Mühe gibt zu erklären, warum man den Wein so super oder so schlecht oder sogar als untrinkbar empfindet. Mehr Mut zur eigenen Meinung und konstruktiver Kritik wäre wünschenswert.

SEHEN SIE UNTERSCHIEDE IM WEINJOURNALISMUS DES DEUTSCHSPRACHIGEN RAUMS IM VERGLEICH ZU ENGLAND, FRANKREICH, SPANIEN ODER AUCH ZUR SCHWEIZ?

_____ **CHANDRA KURT:** Spanien kenne ich zu wenig. Und ja, jede Sprache hat eine andere Stimme – was wiederum sehr interessant ist. In unserem Magazin stellen wir daher in jeder Ausgabe eine andere Weinzeitschrift aus einem anderen Land vor.

_____ **PAULA BOSCH:** Die englischsprachige Weinliteratur ist nach meiner Erfahrung näher am Produkt und am Verbraucher. Ich glaube, da haben wir noch Nachholbedarf.

CHANDRA KURT: „Compare and contrast" – sei es eine Traubensorte, die Weine eines Winzers, ein Terroir … dadurch kommt man mit dem Wein in einen direkten Dialog.

Als Buch ist meine Nummer eins „The Oxford Companion to Wine" (deutsch: Das Oxford Weinlexikon) von Jancis Robinson und ihrem Team.

PAULA BOSCH: Wie schon gesagt: „Die hohe Schule für Weinkenner" von Emile Peynaud ist ein Meisterwerk, das mich gelehrt hat, Weine zu probieren.

Als neuerer Titel ist „New Wine Wave" von Janek Schumann und Dr. Wolfgang Staudt eine sehr gut recherchierte, wunderbar geschriebene Weinreise zu interessanten Winzern und Weinmachern in Europa, die viele Leute aus der Szene noch nicht auf dem Schirm haben. Auch die Reisen zu ihnen sehe ich als lohnende Ziele. Und in „Berührt vom Ort" zeichnet Thom Held anhand des Terroir-Prinzips 19 Porträts spannender Persönlichkeiten aus der Weinwelt.

CHANDRA KURT:

× Von David Ridgway, La Tour d'Argent (Paris), kam der Tipp: *Domaine Templier, Bandol, La Tourtine*
× Von Juliette Pope, Gramercy Tavern (New York): *Du Moll Highland Divide Chardonnay*
× Von Flavio Scannavino, Pierluigi (Rom): *7 anni Roero Arneis, Angelo Negro*

PAULA BOSCH:

× Serge Dubs, Haeberlin (Illhäusern, Elsass) hat mir empfohlen: *Châteauneuf du Pape, Château Rayas*
× Stéphane Gass, Traube Tonbach (Tonbach, Baden-Württemberg): *Champagne Larmandier-Bernier, Rosé de Saignée Premier Cru*
× Thomas Keller, Per Se (New York): *Pinot Noir „UV Vineyard" Aubert, Sonoma Coast*
× Xavier Didier, Werneckhof Sigi Schelling (München): *Grenache, Momento Vines, M. Niemann, Swartland*
× Herbert Kretschmer, ehem. Wein-Bastion Ulm: *Grüner Veltliner FASS 4, Bernhard OTT*

PAULA BOSCH ÜBER ...

_____ **EINE QUALITÄTSPYRAMIDE FÜR EINE LEICHT VERSTÄNDLICHE KATEGORISIERUNG ALLER WEINE**

Wie könnte man Wein verständlich bewerten? Ein mögliches Beispiel der Differenzierung in vier Gruppen wäre:

1. Basics oder Alltagsweine; man könnte sie zur Orientierung auch „Einsteiger" oder „Easy drinking" nennen.
2. Die „Fine Table Wines", wie ich sie mal nennen will, wären als gute Mittelklasse deutlich unterscheidbar von den Basics, auch im Preis.
3. Die Gruppe „First Class" stellt die noch relativ breite Spitze der Pyramide dar.
4. Für die letzte Stufe, die „Top of the Tops" (man könnte sie auch „High Ends" oder „Diamonds"

nennen), gibt es schließlich nur noch einen minimalen Spielraum. Darunter stelle ich mir absolute Ausnahmeweine von Weingütern vor, die nicht regelmäßig, aber unter ganz besonderen Umständen produziert werden – lupenreine Diamanten eben.

Selbstredend bleibt die Bewertung am Ende auch hier eine umstrittene Angelegenheit, aber darum geht es mir überhaupt nicht. Mir geht es darum, mit einem verständlich gemachten System durch den Weindschungel der Welt zu führen, einem Leitfaden, der das Dickicht auflockert und als Wegweiser die große, weite Weinwelt etwas näher zusammenrückt, sie leichter und nachvollziehbarer macht. Ich glaube, einen Versuch wäre es wert.

IMPRESSUM

Hinter jedem tollen Buch steckt ein starkes Team

Gesamtproduktion: *ppp.services, Freising*
Projektleitung: *Marc Strittmatter, ppp.services*
Texte: *Paula Bosch und Diana Binder*
Lektorat: *Martin Waller, Werkstatt München*
Gestaltung: *Studio Gramisci, München*
Satz: *ppp.services*
Fotografie: *Thomas Pfeiffer (Ausnahmen siehe Bildnachweis)*
Herstellung: *Frank Jansen*
Producing: *Jan Russok*
Druck & Bindung: *CPI books GmbH, Leck*

1. Auflage 2022
© 2022 Edel Verlagsgruppe GmbH
Kaiserstraße 14 b
D-80801 München
ISBN: 978-3-96584-180-2

BILDNACHWEIS

Alle Fotos Thomas Pfeiffer außer:
Umschlag: 31Media GmbH/Simon Mayr;
Inhalt: S. 10 31Media GmbH/Simon Mayr; S. 132 René Riis; S. 178 Jacopo Salvi; S. 188 links 31Media GmbH/Simon Mayr; S. 188 rechts Lisa Stöberl;

ZU DEN AUTOR*INNEN

Paula Bosch war die erste, weibliche Sommelière in Deutschland. Ihretwegen hat der Restaurantführer Gault Millau 1988 erstmals den Titel „Sommelier des Jahres" verliehen. Nach Ihrer Ausbildung zur Hotelkauffrau entdeckte Paula Bosch früh schon ihre Wein-Leidenschaft. Nach Stationen in Köln und Düsseldorf folgte sie 1991 dem Ruf ins Münchner Sternerestaurant Tantris, in dem sie 20 Jahre mit großem Engagement als Sommelière gearbeitet hat. Neben einer wöchentliche Weinkolumne im SZ-Magazin, schrieb Paula Bosch nicht nur erfolgreiche Weinbücher, sie ist auch als Autorin für Gourmet- und Weinzeitschriften tätig und als erfolgreiche Dozentin gefragt.

Diana Binder arbeitet seit über 20 Jahren als Journalistin und Autorin. Die Geschichten von Menschen und das Besondere hinter der Story haben sie schon immer am meisten an ihrem Beruf interessiert. Neben Buchprojekten in verschiedenen Genres schreibt sie für Zeitungen und Magazine.